Kurt Allgeier

Arteriosklerose ist heilbar

Ein Econ-Ratgeber
der neuen Heilmethoden

Econ Verlag
Düsseldorf · Wien

Foto-Illustration: Ralph Taubenberger
Röntgenfotos: Universitätsklinik für Radiologie, Innsbruck
Grafiken: Thomas Degen

1. Auflage 1978

Gesetzt aus der 10 Punkt Akzidenz-Grotesk der Berthold AG
Satz: Aske+Kleine-Möllhoff, Hattingen
Papier: Papierfabrik Schleipen GmbH, Bad Dürkheim
Druck und Bindearbeiten: Mohndruck, Reinhard Mohn OHG, Gütersloh
Printed in Germany
ISBN 3 430 11039 4

Inhalt

Einleitung

Die Ärzte sprechen von »der Pest unserer Tage« oder auch von der »weltweiten Seuche der modernen Welt«. Arteriosklerose, Todesursache Nr. 1, Hauptgrund für das Altern, ist längst keine Verschleißerscheinung alter Menschen mehr. Ihre Opfer werden immer jünger. Selbst dreißigjährige Männer können heute bereits unter solchen Beschwerden leiden. Und auch Frauen, vor kurzem noch als »immun« betrachtet, leiden mehr und mehr unter der Arteriosklerose.

Die Folgen der Arteriosklerose sind katastrophal:

Jahr für Jahr werden in der Bundesrepublik 640000 Menschen von einem Herzinfarkt überrascht. Für 170000 von ihnen kommt jede Hilfe zu spät.

Bei 125000 Schlaganfällen sterben 100000 Bundesbürger. Auf jedem vierten Totenschein steht heute als Sterbeursache Herz- und Kreislaufversagen.

Auch viele Krankheiten und Beschwerden, die auf den ersten Blick damit überhaupt nichts zu tun haben, wie Kopfschmerzen, Asthma, Herzschwäche, Bluthochdruck, Gedächtnisschwäche, Schlafstörungen, Nieren- und Lebererkrankungen und nicht zuletzt das gefürchtete »Raucherbein« verdanken ihr Entstehen nur zu oft der Arteriosklerose.

Dieses Buch soll erklären, was die Arteriosklerose ist und wie man selbst vorbeugen und somit das Schlimmste verhindern kann. Außerdem werden die ärztlichen Behandlungsmöglichkeiten dargestellt. Viel zu wenig ist nämlich bekannt, daß die Arteriosklerose kein unvermeidbares Schicksal ist, sondern sehr wohl und relativ unproblematisch beherrscht, in vielen Fällen sogar rückgängig gemacht werden kann. Es gibt keine bessere Vorbeugung gegen Schlaganfall, Herzinfarkt und Durchblutungsstörungen als die Bekämpfung der Arteriosklerose; kein wirkungsvolleres Jugend-Elixier als ihre Ausschaltung.

1. Kapitel
Was ist Arteriosklerose?

Der menschliche Organismus ist ein Wunderwerk von unvorstellbar stabiler, komplizierter, genialer Bauart. Glücklicherweise funktioniert es ohne unsere Einsicht und größtenteils auch unabhängig von unserem Willen, denn auch der intelligenteste Mensch, ausgestattet mit der perfektesten Elektronik, wäre nicht in der Lage, es auch nur eine einzige Sekunde lang zu steuern, ohne es dabei endgültig und unrettbar zu zerstören.
Das Leben in uns pulsiert dank einer eigenen uns unbegreiflichen »Intelligenz«. Wir müssen lediglich dafür sorgen, daß es dabei möglichst ungestört ist, daß Denken und Fühlen und Lebensgewohnheiten nicht behindernd, schädigend oder gar vergiftend eingreifen.

Wie sehr das richtige Zusammenspiel der Organe speziell von Gemütserregungen beeinflußt wird, das merken wir besonders deutlich in der Reaktion der Herztätigkeit: Im Augenblick der Aufregung rast das Herz zum Zerspringen. In heilloser Angst, aber auch bei großer Freude pocht der Herzschlag hörbar gegen die Rippen. In der Niedergeschlagenheit gerät er ins Stolpern. Und wenn wir heftig erschrecken, dann haben wir den Eindruck, daß er gar aussetzt. Mit Genußgiften und Medikamenten können wir den Rhythmus des Pulsschlages ebenfalls stark verändern.

Fünf Liter Blut – 25 Millionen Blutkörperchen

Bereits ohne solche massiven Nervenreizungen muß die nur faustgroße Blutpumpe in unserem Körper, das Herz, Tag für Tag über 7000 Liter Blut durch ein weitverzweigtes Netz von Adern und Venen pressen. Mit jedem Herzschlag etwa ein Weinglas voll. In jedem Tropfen aber leben 5 Millionen rote, 8000 weiße Blutkörperchen und 300000 Blutplättchen, werden Eiweißkörper, Mineralsalze, Hormone, Vitamine, Enzyme und Sauerstoff transportiert.

»Er ist ein Mensch, der viel mit anderen zusammenkommt, wahrscheinlich ein Verkäufer oder Straßenbahnschaffner. Als Kind wurde er gegen die Pocken geimpft, hatte die Tuberkulose und war unterernährt. Vor fünf Jahren lebte er in Indien und holte sich dort eine Malaria. Wenn es in Kürze zu einer Grippe-Epidemie kommen sollte, braucht er sich keine Sorgen um eine Ansteckung zu machen...«

So ähnlich und noch weit ausführlicher und exakter könnte der »Steckbrief« lauten, den ein Arzt aus der Analyse eines Tropfen Bluts herausliest. Das »flüssige Organ« unseres Körpers ist nicht nur die wunderbare Quelle des Lebens überhaupt, es ist zugleich für jeden Menschen eine Art persönliches Geschichtsbuch, in dem so gut wie alles verzeichnet steht, was er bisher erlebte, und das anzeigt, inwieweit er gegen künftige Gefahren gewappnet ist.

In jeder Sekunde stellt das Knochenmark eines gesunden Menschen zwei Millionen neue rote Blutkörperchen (Erythrozyten) her. Diese riesige Summe ist notwendig, um die Gesamtzahl von etwa 25 Billionen in den rund fünf Litern Blut konstant zu halten. Jedes rote Blutkörperchen lebt nur ungefähr 120 Tage lang, danach ist es

vom hohen Tempo durch die Blutgefäße verbraucht. Hauptsächlich in der Leber wird das Blut stets aufs Neue gereinigt und schließlich zu dem rötlich-gelben Gallenfarbstoff Bilirubin abgebaut, der etwa bei der Gelbsucht die Haut verfärbt.
Seine typische hellrote Farbe verdankt das Blut dem Blutfarbstoff (Hämoglobin) der roten Blutkörperchen. Die winzig kleinen, elastischen Scheibchen schwimmen bis in den letzten Winkel des Körpers. In der Lunge binden sie Sauerstoff an sich, der nach und nach an das Gewebe abgegeben wird, um durch das Abfallprodukt Kohlendioxyd ersetzt zu werden. So sind die roten Blutkörperchen in erster Linie also Transportmittel für den lebenswichtigen Sauerstoff, ohne den die Zellen schon nach wenigen Minuten absterben, und »Müllabfuhr« für die Verbrennungsschlacken. Je größer eine körperliche Anstrengung ist, um so tiefer und heftiger muß geatmet werden, um so rascher pocht das Herz, um den eingeatmeten Sauerstoff schnell und in großen Mengen in die Muskeln zu bringen und so eine vorzeitige Ermüdung zu verhindern.
Besitzt der Mensch zu wenig rote Blutkörperchen, dann leidet er an Blutarmut (Anämie). Er ist entsprechend leistungsschwach und müde.

Die Abwehrspezialisten in Blut und Lymphe

Etwas größer als die roten und wesentlich vielseitiger und verschieden in Form und Aufgabenzuteilung sind die weißen Blutkörperchen (Leukozyten). Ein Teil von ihnen wird ebenfalls im Knochenmark gebildet, ein anderer wird vom Lymphsystem her in die Blutbahn geschickt. Im Gegensatz zu den roten Blutkörperchen können die weißen sich nämlich selbst bewegen und auch die Blutgefäße verlassen – soweit deren Wände nicht verkleistert sind. Kein gesundes Gewebe ist so dicht, daß sie nicht hindurchgelangen könnten. Da sie die Fähigkeiten besitzen, alles was fremd ist, zu erkennen und vom eigenen Gewebe zu unterscheiden, eilen sie zu Millionen an den Ort der »Invasion«, sobald dem Körper durch eine Infektion Gefahr droht, und bilden dort einen ersten Abwehrwall. Um diese Aufgabe erfüllen zu können, besitzen sie im Organismus besondere »Stützpunkte«. Sie sind vor allem dort angeordnet, wo besondere Risiken lauern, nämlich die Rachenmandel am Ende des Mundes, die Lymphknoten zwischen Kopf und Körper, am Ende der Gliedmaßen und im Verdauungsapparat.

Im Falle einer Erkrankung wird die Produktion der weißen Blutkörperchen ganz erheblich gesteigert, so daß der Arzt aus der Zahl dieser Blutzellen ablesen kann, ob irgendwo im Körper ein Krankheitsherd steckt.

Die weißen Blutkörperchen sind darüber hinaus an der Bildung der Antikörper beteiligt. Dabei handelt es sich um Spezialabwehrkräfte, die der Körper ganz gezielt für jeden Krankheitserreger anfertigt. Produziert er allerdings fehlgesteuert und unkontrolliert ohne Entzündung ständig eine Überzahl an weißen Blutkörperchen, dann spricht man von einer Leukämie. Es kann passieren, daß der Organismus dabei von seiner eigenen Abwehr angegriffen und schwer geschädigt wird. Nachteilig wirkt sich diese Abwehr auch bei Organverpflanzungen aus, dann nämlich, wenn sie fremdes Gewebe abstößt. Deshalb wird sie nach einer Transplantation medikamentös unterdrückt.

Blutgerinnung – aber nur im Notfall

Die dritte und winzigste Sorte von Blutzellen sind die Blutplättchen (Thrombozyten). Sie helfen, daß das Blut in einer Wunde gerinnt und sie somit verschließt. Dieser äußerst komplizierte und bis heute noch gar nicht voll erfaßte Vorgang macht diese Blutbestandteile zu einem Wunderwerk für sich. Eine Sicherheitsvorkehrung sorgt beim gesunden Menschen dafür, daß das Blut wirklich nur dann gerinnen kann, wenn es aus einem zerstörten Blutgefäß austritt – und nicht vorher. Bei Thrombosen haben die Blutplättchen eines Fehlers wegen die roten Blutkörperchen aneinandergeklebt. Es entstehen Klumpen, die die Adern verschließen und damit einen Hirnschlag oder einen Herzinfarkt auslösen können. Bei den sogenannten Blutern dagegen fehlt die Gerinnungsfähigkeit des Blutes überhaupt. Deshalb besteht bei diesen Menschen die Gefahr, daß sie an der kleinsten Verletzung verbluten.

Blut als Medikamentenquelle

Nicht einmal ganz die Hälfte des Bluts besteht aus den genannten drei festen Bestandteilen – 55 Prozent werden von der fast farblosen Blutflüssigkeit, dem Plasma gebildet. Es enthält neben wertvollen Mineralsalzen, Zucker, Hormonen und Vitaminen, die in das Gewebe transportiert werden, wichtige Eiweißkörper, darunter die Gammaglobuline. Als Abwehrstoffe gegen Viren gewinnen sie immer mehr an Bedeutung. Dank der sogenannten »Plasmapherese« kann man heute die Blutflüssigkeit mit seinen Bestandteilen von den Blutkörperchen trennen. Während diese den Spendern sofort wieder zurückgegeben werden, sortiert man aus dem Plasma seine Bestandteile als wertvolle Medikamente aus. Gammaglobuline schützen etwa sechs Wochen lang vor Virusinfektionen, wie etwa bei der Grippe.

Unterwegs mit 36 Stundenkilometern

Von der linken Herzkammer aus wird dieses vielgestaltige, lebensspendende Organ, bestehend aus festen und flüssigen Bestandteilen, mit großer Wucht und hoher Geschwindigkeit auf seine Reise durch den Körper geschickt.
Zunächst ist der Weg noch breit und bequem. Die große Körperschlagader (Aorta) hat immerhin einen Durchmesser von etwa zwei Zentimetern und kann so die mächtige Druckwelle, die mit einer Geschwindigkeit von 10 Metern in der Sekunde durch den Körper rast, verhältnismäßig leicht aufnehmen. Der Blutdruck entspricht hier der Last einer zwei Meter hohen Wassersäule.
Unmittelbar neben diesem Startplatz liegen aber bereits die ersten Abzweigungen. Durch die Kranzschlagadern wird der Herzmuskel versorgt. Die Halsschlagadern führen das Blut zum Kopf. Und dann folgen in dichter Folge immer neue »Anschlüsse«: die Armschlagadern, die Bauchschlagader, die Beinarterien – insgesamt über 60 Arterienäste, die den verschiedenen Organen, Drüsen, Geweben zugeordnet sind. Die großen unter ihnen heißen Schlagadern, weil man in ihnen noch den Herzschlag als Puls spüren kann.
Inzwischen sind die »Röhrchen« natürlich schon beträchtlich dünner geworden. Die feinsten Arterien, man

nennt sie Arteriolen, besitzen nur mehr den Bruchteil eines Millimeters Hohlraum, man könnte kaum mehr einen Faden hindurchziehen.

Die Arteriolen haben die wichtige Funktion, die Durchblutung der Gewebe zu regulieren. Beim Denken etwa öffnen sie sich im Gehirn und sorgen somit für die ausreichende Durchblutung der Gehirnzellen. Während der Verdauung wird ein Großteil des Blutes nach Magen und Darm abgezogen. Während die Arteriolen in allen anderen Körperregionen die Blutzufuhr drosseln, sind jene im Verdauungsbereich ganz auf »freie Fahrt« gestellt. Wird gleichzeitig gedacht (gelesen) und gegessen, befindet sich der Organismus in einer Konfliktsituation: Er ist nicht in der Lage, Gehirn und Magen-Darm gleichzeitig zu versorgen. Die Folgen sind: Schlechte Denkarbeit auf der einen und ungenügende Verdauung auf der anderen Seite.

Die Arteriolen sind auch für den Wärmeausgleich des Körpers mitverantwortlich: Sie lassen das Blut bei großer Wärme zur Abkühlung in die äußeren Regionen des Körpers fließen und halten es bei Kälte im Inneren des Körpers zurück.

Von den Arteriolen gehen nun weitverzweigte Systeme von noch viel feineren Blutgefäßen ab. Diese Haargefäße oder Kapillaren durchsetzen jedes Organ und jedes Gewebe und erreichen schließlich jede einzelne der vielen Billionen Körperzellen. In einem Raum von nur noch einem Hundertstel Millimeter Durchmesser müssen die roten Blutkörperchen im »Gänsemarsch« hintereinander gehen, so winzig sind diese Gefäße. Die Blutgeschwindigkeit ist inzwischen ganz langsam geworden. Die Blutkörperchen schieben sich nur noch Millimeter um Millimeter vorwärts und können so in Ruhe »auf- und abladen«.

Werden die Kapillaren, etwa durch Stoß oder Schlag zerstört, fließt das Blut in das Gewebe. Es entsteht ein Bluterguß. An seiner Verfärbung kann man ablesen, wie rasch das »tote« Blut abgebaut und abtransportiert wird.

Rückkehr aus den Venen

Nachdem das Blut bei den Zellen den Sauerstoff und andere Stoffe, die zu Ernährung und Funktion des Gewebes nötig sind, abgeliefert und statt dessen Kohlendioxyd und andere Schlacken zum Abtransport aufgenommen hat, tritt es auf einem ganz anderen Adern-System den Rückweg an: durch die Venen. Sie, zuerst ebenso winzig und mikroskopisch klein wie die Kapillaren, dann immer weiter und größer sammeln das verbrauchte Blut und führen es zum Herzen zurück, damit es dort von der rechten Herzkammer zur erneuten Sauerstoffaufnahme durch die Lunge gepumpt werden kann. Von der linken Herzkammer aus kann der Kreislauf von vorne beginnen.
Verglichen mit den Arterien besitzen Venen viel dünnere Wände und zusätzlich Klappen, die den Rückfluß des Blutes verhindern.
Arteriosklerose entsteht nur in den Arterien, also in den Blutgefäßen, in welchen das frische Blut vom Herzen zu den Körperzellen fließt.

Arterien: kräftig, elastisch und zart

Gesunde Arterien sind kräftig, dehnfähig und ungemein zart zugleich. Die Wände besitzen mehrere Schichten aus elastischem Gewebe und starken Muskeln. Sie gleichen schwankenden Blutdruck aus, indem sie den Durchmesser der Arterien je nach Bedarf vergrößern oder verkleinern. Die Steuerung dieses Vorgangs erfolgt über die Nerven, die in einem dichten Netz das ganze Adernsystem durchziehen.

Benötigen die Muskeln bei anstrengender Arbeit besonders viel Nahrung, dann werden die Arterien weit geöffnet, damit möglichst viel Blut hindurchschießen kann. Ist die Herztätigkeit dagegen im Augenblick der Ruhe gedrosselt, müssen die Adern verengt werden, damit der Blutdruck nicht zu stark absinkt, sondern ausreicht, auch die letzte Zehenzelle noch genügend zu versorgen.

Wenn wir rauchen, zieht das Nikotin im Blut über das vegetative Nervensystem die Arterien zusammen. Der Blutdruck steigt an. Trinken wir dagegen Wein oder Schnaps, dann weitet der Alkohol die Blutgefäße. Das Blut gelangt besser als sonst in die Haut, die sich – besonders bei Alkoholmißbrauch – sichtbar rot färbt.

Die Innenschicht der Arterien ist glatt und zart, damit sich die Blutkörperchen bei ihrem Tempo nicht zu schnell verschleißen. Kein von Menschenhand geschaffenes Material könnte auf die Dauer die Arterien ersetzen. Es wäre der hohen Belastung nicht gewachsen. Die rauhe Oberfläche des künstlichen, leblosen Gewebes würde außerdem die Blutkörperchen sehr schnell zerstören. Deshalb kann ein Patient beispielsweise auch nur kurz an eine Herz-Lungen-Maschine angeschlossen werden. In den Schläuchen des Apparates leidet das Blut Schaden.

Wenn Arterien zuwachsen

Bei der Arteriosklerose oder Arterienverkalkung, wie sie in der Umgangssprache genannt wird, erkrankt zunächst diese zarte Innenfläche der Arterien. Sie schwillt an, verändert sich in ihrer Struktur, verhärtet sich und wird schließlich mehr und mehr überlagert und durchsetzt von Fetten und Kalksalzen.

Die Folgen: Die Arterie büßt an der betroffenen Stelle rasch ihre Elastizität ein. Aus dem dehnfähigen, »verstellbaren« Schlauch wird ein starres, sprödes, brüchiges Rohr, das, wie eine alte Wasserleitung, im Inneren langsam aber sicher zuwächst, schließlich vielleicht sogar völlig verstopft ist.

An der rauhen Innenseite verletzen sich nun auch die Blutkörperchen und können deshalb zu Propfen gerinnen. Das Gewebe, das hinter einem solchen Verschluß liegt, wird nicht mehr versorgt. Es erkrankt und stirbt ab. So kommt es beispielsweise zum »Raucherbein« oder einem Herzinfarkt.

Weil die starre, verkrustete, spröde Arterie sich nicht mehr dem veränderten Blutdruck anpassen kann und die Durchflußöffnung immer kleiner wird, erhöht sich gleichzeitig der Blutdruck. Das Herz muß sich mehr anstrengen, das Blut durch die verengten Gefäße zu pressen. Es wächst die Gefahr, daß unter diesem Druck das Gefäß schließlich zerreißt. Auf diese Weise entsteht ein Großteil der Schlaganfälle.

Die Ablagerungen verteilen sich in der Regel nicht gleichmäßig auf das ganze Arteriensystem. Arteriosklerose tritt vielmehr in einzelnen Bereichen mehr, in anderen weniger oder gar nicht auf.

Ganz offensichtlich sind jene Stellen besonders betroffen, an denen der Blutfluß besonders schnell ist,

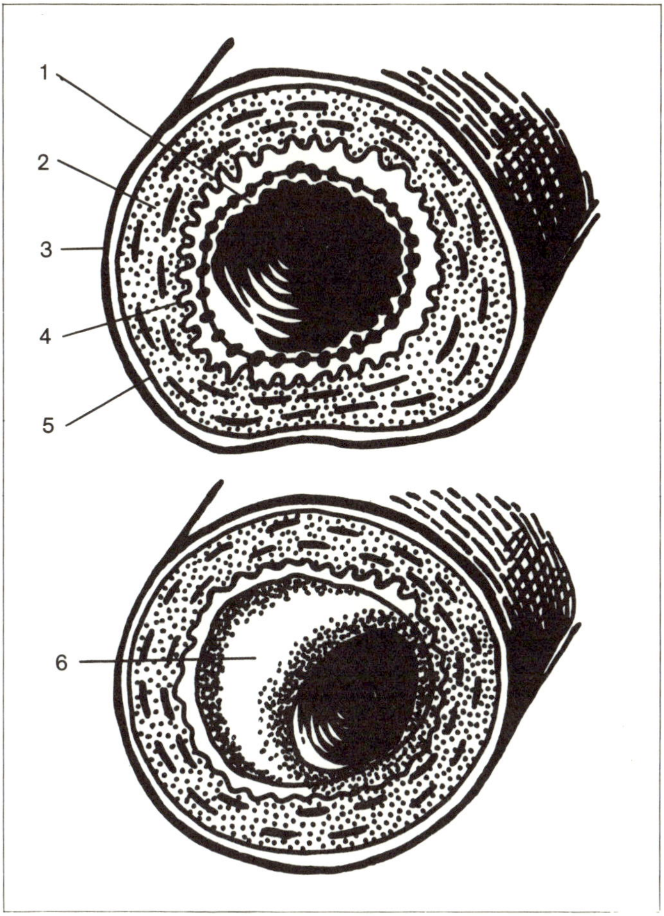

Abb.: 1 So kompliziert sind Arterienwände aufgebaut (oben eine gesunde Arterie, unten Arterie mit Ablagerungen und sklerotischen Veränderungen):
Die zarte Innenhaut (Intima) ganz innen (1)
Die innere Wand, die Media (2), bestehend aus Muskelschichten,
Die Adventitia (3), die äußere Gefäßwand, in der die Nerven verlaufen,
Elastica interna (4) und Elastica externa (5), die beiden elastischen Häute
Zerfallsherd der Intima mit Ablagerungen (6)

plötzlich durch eine »Kurve« oder an einer »Kreuzung« umgeleitet oder durch eine Verengung abgestoppt wird.

Die Veränderungen in den Gefäßen beginnen schon in sehr frühen Jahren und sind zunächst nichts anderes als ein ganz normaler Verschleiß, der sich in der Regel kaum spürbar macht.

Von Arteriosklerose spricht man erst dann, wenn diese Veränderung abnorm schnell vor sich gehen, viel zu früh auftreten und deutliche Beschwerden hervorrufen.

Leider werden nur allzuoft die ersten Anzeichen der Erkrankung übersehen oder nicht ernstgenommen. Die Behandlung ist aber auch hier um so erfolgreicher, je früher die rechten Maßnahmen getroffen werden. Besonders bei noch recht jugendlichen Menschen läßt sich auch bei ausgeprägter Arteriosklerose viel erreichen.
Um zu erfahren, was man tun kann, muß man erst wissen, wie und warum es zur Arteriosklerose kam.

2. Kapitel
Die Ursachen der Arteriosklerose

Es ist ein schwacher Trost, wenn moderne medizinische Wissenschaft heute den Nachweis liefert, daß der Mensch bereits im Mutterleib arteriosklerotische Veränderungen an der Hauptschlagader besitzt. Und es hilft überhaupt nichts, sich mit solchen derart frühzeitig auftretenden Verschleißerscheinungen einfach abzufinden – vor allem dann nicht, wenn sie krankhaft auftreten. Kaum eine andere Krankheit verliert ihre Gefährlichkeit so rasch und so gründlich, wie gerade eine Arteriosklerose, der man die Ursachen entzogen hat. Manche Familien, so scheint es, sind für diese Art der Gefäßerkrankung besonders anfällig. Man spricht deshalb gerne von einer »erblichen Belastung«, obwohl es keinesfalls gesichert ist, daß es eine entsprechende »Veranlagung« überhaupt gibt. Wenn beispielsweise viele Mitglieder einer Familie an einer Arteriosklerose etwa der Herzkranzgefäße erkranken, ist durchaus denkbar, daß sie gemeinsam dieselben Fehler in ihren Lebensgewohnheiten begangen haben. Fehler, die als Ursachen nun allerdings sehr genau bekannt sind.
Die Statistik der am häufigsten von der Arteriosklerose betroffenen Arterien gibt Aufschluß darüber, wo am meisten »gesündigt« wird: Am häufigsten befallen sind die Hirnarterien, die Koronararterien, die Hauptschlagader, die Nierenarterien und die Beinarterien.

Verschleiß und Alterung

Es kann keinen Zweifel geben: Die erste und wohl wichtigste Rolle bei einer Entstehung der Arteriosklerose spielt die übermäßige Belastung mit einer entsprechend verstärkten Abnutzung der betroffenen Arterien als notwendige Folge. Wenn das Blut ständig in erhöhtem Tempo durch bestimmte Bezirke des Körpers gejagt wird, muß dort früher als normal ein Schaden entstehen. Es ist wie bei einem Motor, der übertourig gefahren wird: Die Überbeanspruchung nützt das Material vorzeitig ab.
So weiß man seit geraumer Zeit, daß Fußballspieler und vor allem Radrennfahrer weit häufiger als andere an Beinarteriensklerose leiden.
Wer unter ständigem Überstreß lebt, also von einer Aufregung in die andere fällt, unter Angstdruck leidet, sich quält, abhetzt oder auch von einem Vergnügen in das andere taumelt, der vergrößert das Risiko, an einer Arteriosklerose der Kranzschlagader zu erkranken. Der Herzmuskel wird unzureichend versorgt und somit geschädigt. Das Herz muß sich übermäßig anstrengen und bringt doch nur den Bruchteil seiner normalen Leistung zustande. Schließlich kommt es zu Angina pectoris, Atemnot, Herzasthma, Herzschwäche oder gar zum Herzinfarkt.
Wer pausenlos denkt – und sei es nur ein ständiges Grübeln und Sorgen, weil er verlernt hat, rechtzeitig »abzuschalten« und auszuruhen, der wird seine Hirnarterien vorschnell abnutzen. Die Betroffenen klagen über Kopfschmerzen, Schwindelanfälle, Gedächtnis- und Konzentrationsschwäche. Das Beispiel ist der »verkalkte« Professor, der schließlich die selbstverständlichsten Dinge vergißt. Bei fortgeschrittener Er-

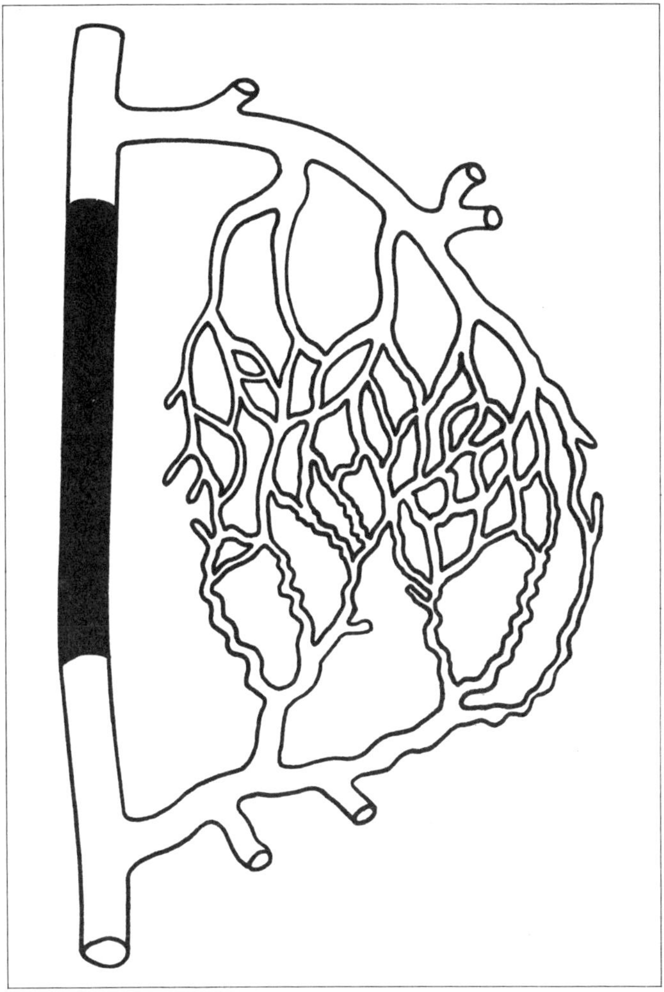

Abb. 2: Der Organismus weiß sich zu helfen: Wenn eine Arterie undurchlässig geworden ist, baut der Körper »Umleitungen«. Feine Arterienäste vergrößern und erweitern sich und übernehmen die Blutversorgung des Gewebes, das hinter einem Verschluß liegt. Diese sogenannten Kollateralen entstehen um so vollkommener, je besser die entsprechenden Muskelpartien trainiert werden.

krankung kann es zur Blockierung einzelner Arterien kommen, dann wird ein Teil des Gehirns nicht mehr versorgt. Es stirbt ab. Die Folgen: Halbseitige Lähmung, Blindheit auf einem Auge, Sprachstörungen etc. Die brüchig gewordene Arterie kann aber auch zerreißen, dann strömt das Blut ins Gehirn. Die Folgen sind ebenfalls Lähmung oder gar der Tod. Unter normalen Bedingungen ist der Körper imstande, selbst bei völlig verstopften Arterien sich zu helfen: Er baut »Umleitungen«, die das Blut um den Engpaß herum in das unversorgte Gebiet leiten. Das funktioniert oft so gut, daß ein Verschluß im Herzen oder in der Beinarterie überhaupt nicht bemerkt wird. Allerdings: Solche Selbsthilfe braucht Zeit. Und in dieser Zeit darf die Anstrengung nicht übermäßig sein.
Bei Überstreß oder anderen sehr großen Belastungen verliert der Organismus den Wettlauf zwischen dem Bau der Umleitung und dem Zerfall der unversorgten Gewebe. Das macht die Gefährlichkeit des Stresses aus. Zu den Überbeanspruchungen in diesem Sinn mit vorzeitigem Verschleiß müssen auch besondere Lebens- und Arbeitsbedingungen gezählt werden. Etwa häufige oder gar chronische ständige Einwirkungen von Kälte und Nässe, Infektionen, Überernährung, Gifte (vor allem Genußgifte), Verletzungen, das Tragen von schweren Lasten und nicht zuletzt körpereigene Ursachen wie Bluthochdruck und Fettstoffwechselstörungen.

Bluthochdruck

Bluthochdruck (Hypertonie) ist eine überaus weitverbreitete und ebenso heimtückische Krankheit. Solange sie nämlich nicht übermäßig ausgebildet ist, bereitet sie keinerlei Beschwerden. Im Gegenteil. Der Hypertoniker fühlt sich zumeist leistungsfähiger, kräftiger, vitaler als Menschen mit Normalwerten oder gar zu niedrigem Blutdruck. Dadurch unterbleibt nur zu oft die notwendige Behandlung.

Nach Schätzung der Experten leben in der Bundesrepublik über 6 Millionen Menschen mit einem zu hohen Blutdruck. Nicht einmal die Hälfte von ihnen weiß um die Krankheit (und die Gefahr, in der sie schwebt). Und von diesen läßt sich wiederum nur die Hälfte behandeln.

Jeder dritte Erwachsene ist Hypertoniker – oder noch exakter ausgedrückt: 41 Prozent der Männer und 28 Prozent der Frauen.

Jede aber auch nur geringfügige Erhöhung des Blutdrucks – daran kann es keinen Zweifel geben – verkürzt das Leben.

Der Blutdruck wird von zwei Kräften bestimmt: Von der Leistung des Herzens, also vom Druck, mit dem die »Pumpe« das Blut in die Arterien preßt, und vom elastischen Widerstand der Arterienwände, deren Muskeln auf diesen Druck reagieren.

Zieht sich der Herzmuskel zusammen, schießt die Druckwelle des ausgestoßenen Blutes in die Hauptschlagader und weitet sie. Man spricht vom systolischen Druck. Er sollte im Idealfall bei einem Erwachsenen nicht über 130 mm Quecksilber liegen. Als normal werden aber auch noch alle Werte betrachtet, die der Faustregel 100 plus Lebensalter entsprechen – die Zahl 160 aber nicht überschreiten. Da die Blutgefäße mit zunehmendem Alter starrer und undurchlässiger werden, erhöht sich in der Regel der systolische Blutdruck ab dem 40. Lebensjahr.

Während der Erschlaffung des Herzmuskels, also gewissermaßen zwischen den einzelnen Herzschlägen, sinkt der Blutdruck ab. Eigentlich müßte er völlig verebben, der Blutfluß somit zum Stillstand kommen. Dies verhüten die Muskeln der Gefäßwände. Sie ziehen sich jetzt zusammen und halten den Druck somit auf etwa 80 mm Quecksilber. Dieser sogenannte diastolische Druck sollte sich auch im Alter nicht wesentlich erhöhen, auf alle Fälle aber unter 100 bleiben. An ihm kann man die Elastizität der Gefäßwände noch besser ablesen als am systolischen Druck.

Bei erhöhtem Blutdruck muß das Herz gegen einen vergrößerten Widerstand ankämpfen, also kräftiger pumpen. Auch im Zustand der Ruhe wird von ihm vermehrte Leistung verlangt. Das kann über Jahrzehnte hinweg gutgehen. Dann allerdings besteht die Gefahr, daß die überforderte Muskulatur erschlafft und die Gefäße durch den erhöhten Druck geschädigt sind. Es zeigen sich die oftmals so schlimmen Folgen wie Angina pectoris, Herzinfarkt, Schlaganfall.

Bis zur Stunde weiß niemand mit letzter Sicherheit zu sagen, warum es zum Bluthochdruck kommt. In manchen Fällen ist eine akute Erkrankung daran schuld, etwa ein Nierenleiden. Dann kann man den Blutdruck heilen, indem man die eigentliche Krankheit als Ursache ausschaltet.

In allen anderen Fällen – und man rechnet, daß dies über 90 Prozent aller Hypertonien sind – läßt sich der Blutdruck mit Medikamenten auf Normalwerte senken, eine Heilung im eigentlichen Sinne ist aber nicht möglich.

Seit langem weiß man, daß der Blutdruck seltsamerweise bei Familienmitgliedern häufig fast gleich hoch ist. Man nahm daher an, daß es sich hier um eine erbliche Veranlagung handelt. Nun zeigte sich aber in jüngster Zeit bei exakten Vergleichen, daß auch Ehe-

paare sehr oft die gleichen Blutdruckwerte besitzen – ja, daß sich sogar Adoptivkinder fast regelmäßig recht schnell ihrer neuen Familie auch in diesem Punkte anpassen, weshalb die Ärzte im Falle eines festgestellten Bluthochdrucks immer die ganze Familie untersuchen.
An der amerikanischen Harvard-Universität glauben Wissenschaftler entdeckt zu haben, daß sich die Blutdruckwerte in der Regel schon im ersten Lebensjahr einpendeln.
Neben Faktoren der Ernährung spielt dabei sicherlich die nervliche Belastung des einzelnen Menschen eine entscheidende Rolle.
Bluthochdruck verdoppelt das Risiko einer arteriellen Verschlußkrankheit und eines Herzinfarktes. Die Gefahr, einen Schlaganfall zu erleiden, ist sogar sechsmal größer. Dabei ist zu beachten, daß der Blutdruck nicht unbedingt erheblich von der Norm abweichen muß, um derart gefährlich zu sein. Schon relativ geringfügige Erhöhungen können sich verhängnisvoll auswirken.
Dies um so mehr dann, wenn Bluthochdruck mit einem anderen Risikofaktor zusammentrifft: Die Hypertonie eines Rauchers oder eines Diabetikers verdreifacht das Herzinfarktrisiko.

Störungen im Fettstoffwechsel

Cholesterin – dieses Wort ist in den letzten zwanzig Jahren zu einem der geläufigsten Begriffe in der Gesundheitserziehung geworden. Schon Kinder wußten damit umzugehen. Sie ermahnten ihre Eltern, Butter durch Margarine zu ersetzen. Der Gesundheit wegen. Zur Verhütung der Arteriosklerose.
Butter ist nämlich das Fett mit dem höchsten

Cholesterinanteil. Und Cholesterin gehört zu den wichtigsten Stoffen unter den Ablagerungen in den Arterien. Wer zu viel Cholesterin im Blut hat, scheint in erhöhtem Maße für Arteriosklerose und deren Folgekrankheiten anfällig zu sein.
Also, folgerten Ernährungswissenschaftler in den fünfziger Jahren, als während der großen »Freßwelle« nach dem Krieg das Fett besonders hoch im Kurs stand, muß auf die Butter und alle anderen tierischen Fette weitgehend verzichtet werden. An ihrer Stelle sollen die cholesterinfreien und wesentlich wertvolleren Pflanzenöle und -fette verwendet werden.
Dieser Schluß war falsch. Das Cholesterin ist kein überflüssiger Schadstoff, den man so gut wie nur möglich meiden muß, sondern ein lebenswichtiger Baustein, den jede einzelne Körperzelle unbedingt braucht. Auch zur Produktion verschiedener Hormone benötigt der Körper Cholesterin. Die eigene Leber stellt ständig wesentlich mehr davon her, als der Mensch normalerweise mit seiner Nahrung zu sich nehmen kann. Es ist also beinahe unbedeutend, ob der körpereigene Vorrat mit dem Genuß von Butter oder Schmalz noch vergrößert wird oder nicht.
Zwei überzeugende Beweise untermauern diese Erkenntnisse und werfen die bisherige Arteriosklerose-Forschung über den Haufen: In der amerikanischen Kleinstadt Framingham verzichteten unter strenger ärztlicher Überwachung 100 Einwohner zwanzig Jahre lang auf Butter. Andere benutzten zur Kontrolle als Fettquelle hauptsächlich Butter. Als schließlich die zwei Gruppen miteinander verglichen wurden, um herauszufinden, welche von beiden im Hinblick auf Herz- und Kreislaufkrankheiten gesünder gelebt hat, konnten die Mediziner keinerlei Unterschied feststellen.

Und: Bei den Eskimos gibt es praktisch keine Arteriosklerose – trotz extrem hoher Cholesterinwerte im Blut. Bei ihrer Ernährung sind die Menschen in den kalten Polarregionen ausschließlich auf tierische Fette angewiesen. Sie besitzen keine anderen.
Dieser Befund war für jeden Ernährungswissenschaftler eine Herausforderung. So ließ denn eine plausible Erklärung auch nicht allzulange auf sich warten. Sie hört sich denkbar einfach an: Entscheidend bei der Entstehung einer Arteriosklerose ist wahrscheinlich gar nicht so sehr die Höhe des Cholesterinspiegels (oder anderer Blutfette), sondern vielmehr der Ausfall des Arterien-Putzmittels. Das Cholesterin, so fanden die Wissenschaftler, besitzt nämlich zwei chemische Transportmittel. Das eine trägt inzwischen die Kurzbezeichnung LDL (Low Density Lipoprotein). Es bringt das Cholesterin von der Leber in das Körpergewebe. Das andere – es heißt High Density Lipoprotein – räumt überflüssiges Cholesterin ab. Dieses zweite könnte man tatsächlich als Arterien-Putzmittel bezeichnen.
Eskimos besitzen sehr viel davon. Das heißt: Ihr Gefäßreinigungssystem funktioniert. Cholesterin, auch wenn es in noch so großen Mengen im Blut vorkommt, hat daher bei ihnen keine Möglichkeit, sich in den Blutgefäßen abzulagern.
Wie ist es aber bei Arteriosklerose-Kranken? Von Rauchern weiß man, daß die HDL-Werte deutlich unter der Norm liegen. Vermutlich stört das Nikotin die Herstellung dieses Cholesterinabräummittels. Für andere Risikofaktoren fehlen bislang die Nachweise. Auch gibt es noch keine Möglichkeit, regulierend in das komplizierte Geschehen um HDL und LDL im Organismus einzugreifen.
Nur jeder fünfte Mann über 40 Jahren besitzt einen

idealen Cholesterinspiegel. Diese Gruppe hat tatsächlich auch kaum einen Herzinfarkt infolge arteriosklerotischer Erkrankungen zu befürchten. Bei fast der Hälfte aller Männer dagegen ist der Cholesterinspiegel bereits gefährlich hoch. Die Gefahr, einen Herzinfarkt zu erleiden, kann dadurch bis auf das Siebenfache ansteigen, so daß – zumindest in unseren Breitengraden und bei unseren Umweltbedingungen und Lebensgewohnheiten – auf alle Fälle vernünftige Cholesterinwerte angestrebt werden müssen.

Störungen im Zuckerstoffwechsel

In engem Zusammenhang mit Störungen im Fettstoffwechsel stehen Störungen im Zuckerstoffwechsel. Beide haben letztlich mit einer Überernährung zu tun, beide verschlimmern sich gegenseitig und fördern so besonders massiv die Arteriosklerosebildung.

90 Prozent der Zuckerkranken (Diabetiker) haben einen sogenannten Altersdiabetes. Er macht sich meistens ab dem 40. Lebensjahr bemerkbar.

Dreiviertel dieser Menschen sterben heute nicht mehr im Zuckerkoma, sondern an arteriosklerotischen Gefäßveränderungen. Jeder zweite Diabetiker über 55 leidet an einer arteriellen Verschlußkrankheit (Raucherbein, Verengung der Herzkranzgefäße).

Die Zahl der Diabetiker aber ist seit dem letzten Weltkrieg auf das Zwanzigfache angestiegen. Schätzungsweise 4 Prozent aller Bundesbürger, also weit über zwei Millionen Menschen, sind zuckerkrank. Wiederum wissen viele nichts von ihrem Leiden.

Fett und Zucker sind die Kraftstoffe für die Muskeln. Ohne sie gibt es keine Leistung. Fett ist der energiereiche Dauerbrennstoff, Zucker der leicht entflammbare »Schnellzündstoff«, der sofort die körperliche Leistung steigert. Jeder weiß, daß ein Stückchen Zucker die Müdigkeit augenblicklich vertreiben kann.

Der Blutzuckerstoffwechsel wird einerseits durch Bewegung und körperliche Anstrengung geregelt. Er wäre von sich aus natürlicherweise in Ordnung, bekäme der Körper immer genausoviel Zucker, wie er in den Muskeln verbraucht.

Weil Angebot und Bedarf aber stets schwanken, gibt es als Regler im Organismus das Hormon Insulin, hergestellt in der Bauchspeicheldrüse. Es sorgt dafür, daß der Zucker zu den Muskeln transportiert wird, gleichzeitig aber im Blut niemals zuviel davon vorhanden ist.

Bei unserer modernen Lebensweise mit viel zu wenig Muskeltätigkeit und einem gleichzeitigen Überangebot an zuckerhaltigen Speisen ist die Bauchspeicheldrüse ständig überfordert. Sie muß wesentlich mehr Insulin zu Verfügung stellen, um die Blutzuckerwerte in vernünftigen Bereichen zu halten.

Dauert diese Überbelastung Jahre oder gar Jahrzehnte an, dann ist die Bauchspeicheldrüse schließlich erschöpft. Je nach Veranlagung hält sie kürzer oder länger stand. Dann vermag sie den Bedarf nicht mehr zu decken.

Damit aber beginnt die Zuckerkrankheit. Der Zucker wird nicht mehr zu den Muskeln gebracht. Die Folgen sind ständige Müdigkeit und Leistungsschwäche – trotz guten Appetits. Der Zuckerspiegel im Blut steigt aber an, das Blut wird dickflüssig. Die Nieren lösen den Zucker aus dem Blut und scheiden ihn mit dem Urin aus. Dazu brauchen sie viel Flüssigkeit, weshalb Diabetiker über großen Durst klagen.

Zur Arteriosklerose kommt es hauptsächlich aus zwei

Gründen: Einmal wird die Muskulatur der Blutgefäße ungenügend versorgt. Sie versteift, die Gefäße verlieren ihre Elastizität. Der Herzmuskel muß trotz Unterversorgung mehr leisten und erschlafft. Auf der anderen Seite ist das Blut zu dick. Es neigt verstärkt zur Verklumpung.
Diabetiker leiden deshalb häufig an Unterschenkelgeschwüren, die nicht heilen wollen. Bei leichtester Verletzung stirbt das unterversorgte Gewebe ab. Die Gefahr eines arteriellen Verschlusses dieser Art oder eines Schlaganfalles wird durch Diabetes um das Fünffache erhöht, die eines Herzinfarktes um das Doppelte.

Der Einfluß von Nikotin

Wenn von der Gefährlichkeit des Rauchens gesprochen wird, denkt man in erster Linie an den Lungenkrebs (Bronchialkrebs) und daran, daß alljährlich in der Bundesrepublik rund 20000 Menschen daran qualvoll sterben. Sie waren fast ausnahmslos starke Raucher.
Damit ist allerdings nur ein Risiko aufgezeigt – höchstwahrscheinlich nicht einmal das größte. Denn Rauchen ist zugleich auch eine der wichtigsten Ursachen für die Entstehung der Arteriosklerose. Und kaum ein anderer Faktor verschlimmert die schon bestehende Krankheit so rasch und so konsequent, wie die inhalierte Zigarette.

Nikotin in kleinen Mengen, so wird zwar immer wieder behauptet, unterstütze als Anregungsmittel die Herztätigkeit und sei deshalb für das geschädigte Herz sogar gesund. Das mag vielleicht sogar richtig sein. Doch diese Meinung, gewonnen aus Tierexperimenten, darf nicht ernstgenommen werden und sollte deshalb nie-

mals als Ausrede für starkes Rauchen herangezogen werden.
Einmal ist die Arteriosklerose bei Tieren praktisch unbekannt. Man kann die Ergebnisse eines Nikotintests mit Kaninchen also nicht ohne weiteres auf den Menschen übertragen. Zum anderen geht diese Feststellung vom »gesunden« Nikotin davon aus, daß Herz und Kreislauf völlig intakt sind. Und wo in unserer hektischen und übernervösen Zeit wäre dies bei einem Erwachsenen noch anzutreffen? Schließlich besitzt der Rauch der Zigarette nicht nur Nikotin, sondern eine ganze Fülle von Schadstoffen.
So spricht man bei Verschlußkrankheiten in den Unterschenkeln oder im Fuß mit Recht vom »Raucherbein«. Denn es sind hauptsächlich starke Raucher, die es bekommen. In den chirurgischen Kliniken der Bundesrepublik fallen alljährlich 20000 »Raucherbeine« dem Skalpell zum Opfer. Männer um die 40, die täglich mehr als 20 Zigaretten rauchen, sind außerdem sechsmal stärker gefährdet, einen Schlaganfall zu erleiden als Nichtraucher. Und je größer die Zahl der gerauchten Zigaretten, um so höher ist auch das Infarktrisiko. Bei Rauchern, die täglich zwanzig Zigaretten inhalieren, treten bereits doppelt so viele Herzinfarkte auf. Und mit jeder weiteren Zigarette steigt das Risiko sprunghaft an.

Nikotin wirkt auf die Nervenbahnen der Blutgefäße, und zwar so, daß sich deren Muskeln zusammenziehen. Das heißt: Das Herz muß gegen den verstärkten Widerstand ankämpfen, also mit größerer Kraft pumpen, um den Kreislauf in Schwung zu halten. Der Blutdruck erhöht sich.
Das kann zunächst – vor allem bei Menschen mit einem zu niedrigen oder labilen Blutdruck – eine positive

Wirkung haben: Die Konzentrationsfähigkeit steigt. Man fühlt sich frischer, leistungsfähiger. Nicht zuletzt dieser Wirkung wegen greifen viele Raucher in schwierigen Situationen zur Zigarette.
Doch sehr bald schon kommt es zu den vielfach beschriebenen Übermüdungen und Erschöpfungen: Wer könnte seine Faust stets geballt halten? Niemand.
In ihrem Kampf gegeneinander müssen die Muskeln der Arterien und die Herzmuskeln sich in der ersten Phase »aufrüsten«. Sie wachsen, werden fester und stabiler. In der zweiten Phase verhärten, verkrampfen und versteifen sie. Schließlich sind sie hart und ausgeleiert. Das ist die verhängnisvolle Auswirkung ständiger Nikotinzufuhr. Betroffen sind vor allem die Herzkranzgefäße und die Hauptschlagader. Jeder Raucher weiß, daß die ursprünglich erwünschte und auch erzielte Wirkung des Nikotins eines Tages ausbleibt. Dies sollte für ihn ein Zeichen dafür sein, daß diese Erschöpfungsphase der Gefäß- und Herzmuskeln bereits erreicht ist.

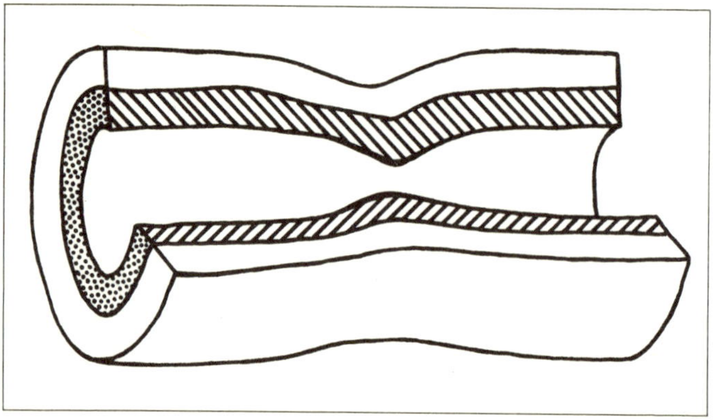

Abb. 3: Einengungen, die nicht selten durch einen Druck von außen oder nervliche Anspannungen entstehen, sind bevorzugte Ansatzpunkte für die Arteriosklerose.

Bei kleineren Arterien – besonders bei den Beinarterien – wirkt sich die ständige Verengung der Gefäße bedrohlich auf die Versorgung der Gewebe und Muskeln aus. Schon unter normalen Bedingungen ist es für das Herz nicht ganz leicht, den Blutdruck bis in die Zehen aufrechtzuerhalten. Je weiter eine Arterie vom Herzen entfernt ist, um so geringer ist der Blutdruck in ihr. Das Knie beispielsweise stellt einen besonders kritischen Engpaß dar. Im Unterschenkel staut sich darüber hinaus gerne das venöse Blut, so daß der Kreislauf zeitweise fast zum Erliegen kommt. Muskelbewegungen müssen mithelfen, das zu verhindern.
Werden die Arterien nun aber zusätzlich verengt und bleiben womöglich die Muskelbewegungen auch noch aus, dann kommt immer weniger frisches Blut in die Beine und Füße. Im schlimmsten Fall sterben Zehen, Fuß oder sogar Unterschenkel ab. Man spricht vom »Raucherbein«.
Solche Unterversorgungen, Gefäßverschlüsse oder -brüche kann es auch in den Gehirnarterien geben. Gerade in dieser Hinsicht leben Raucher – wie bereits angedeutet – besonders gefährdet.
Daß ihre Blutgefäße auch ohne besonders hohen Blutfettspiegel oft überdurchschnittlich rasch Schädigungen erleiden, ist ein weiterer Hinweis auf die Gefährlichkeit des Nikotins. Vorläufig ist es nicht bewiesen, doch der Verdacht erhärtet sich, daß dieses Gift die Entfaltung des »Arterien-Putzmittels« HDL negativ beeinflußt, vielleicht sogar ausschaltet. (Siehe: Störungen des Fettstoffwechsels).
Damit aber noch nicht genug. Unter den Verbrennungsrückständen der Zigarette befindet sich auch das Kohlenmonoxyd, ein äußerst gefährliches Gift, dem bisher viel zuwenig Beachtung geschenkt wurde. Im

Zusammenhang mit Arteriosklerose muß es erwähnt werden, weil es das Blut doch ganz erheblich beeinflußt. Wird Kohlenmonoxyd eingeatmet, dann besetzt es wie Passagiere in einem Flugzeug alle freien Plätze der roten Blutkörperchen – Plätze, die dann vom Sauerstoff nicht mehr eingenommen werden können. Das Blut transportiert statt der notwendigen und lebenswichtigen »Nahrung« somit Gift. Das wäre nicht so schlimm, klebten die »blinden« Passagiere nicht so hartnäckig an ihren Plätzen.
Wer längere Zeit in einem verrauchten Zimmer saß, dem nützt ein kurzer Spaziergang in frischer Luft wenig: Sein Blut ist zunächst noch gar nicht in der Lage, Sauerstoff aufzunehmen. Er müßte erst einmal richtig ausatmen und das Kohlenmonoxyd loswerden. Und das dauert Stunden.
Ein Blut ohne Sauerstoff aber versorgt die Innenwände und Muskeln der Arterien nicht. Sie entzünden sich, werden krank, verbilden sich: Arteriosklerose.

Infektionen und psychische Belastungen

Gewöhnlich nimmt man einen Husten, einen Schnupfen oder eine Halsentzündung nicht besonders ernst. Solche gesundheitlichen »Zwischenfälle« sind lästig, solange sie Beschwerden verursachen und unsere Lebensäußerungen behindern. Man vergißt sie nur allzu schnell, sobald man wieder einigermaßen ungestört seinen Pflichten und Freuden nachgehen kann.
Das ist gerade in unserem Zeitalter der Antibiotika zu einem großen Risiko für Blut und Kreislauf geworden: Die sogenannten »Bagatell«-Infektionen werden nicht mehr auskuriert. Die Krankheitserreger bleiben unbe-

helligt, solange sie sich nicht durch besonders massives Auftreten bemerkbar machen. Wenn wir krank sind, dann töten wir den Großteil von ihnen, während sich die Übriggebliebenen – naturgemäß sind es die kräftigsten und widerstandsfähigsten Exemplare – »zurückziehen«. Sie nisten sich in die Herzmuskulatur, in andere Organe, aber auch in die Blutgefäße ein, bis sie wieder so zahlreich sind, daß wir uns erneut krank fühlen. Das Spiel beginnt von vorne – ohne Konsequenz, ohne letzte und vollständige Ausschaltung der Bakterien und Viren. Im Körper aber herrscht, auch wenn wir zunächst nicht viel davon spüren, so etwas wie eine Art Krieg. Der »Feldherr« schickt Millionen weißer Blutkörperchen in das »Kampfgebiet«. Mißlingt die Abwehr, wird eilig eine Spezialtruppe aufgestellt und eingesetzt. Der »Feind« wird umzingelt, der Organismus drosselt im betroffenen Gebiet die Sauerstoffzufuhr, um so den Aggressor auszuhungern. Darüber hinaus sammelt sich vermehrt Flüssigkeit um das »Schlachtfeld« herum.
Nun bräuchte der Körper eigentlich Ruhe, damit er alle Kräfte auf diese Auseinandersetzung konzentrieren kann. Ist dies nicht der Fall oder führen gar physische und psychische Belastungen zu einer Schwächung des körpereigenen Abwehrsystems, dann dehnt sich der »Herd« aus.
Trotz ungünstiger Bedingungen reagiert der Körper weiter. Er versucht, das verlorene Gebiet zurückzugewinnen. Er zieht Reserven aus benachbarten Organen ab, die ihrerseits nun geschwächt und nicht mehr voll funktionsfähig sind. Die Folgen sind Funktionsstörungen, erhöhte Anfälligkeit für neue Infektionen, Muskel-Nerven-Schmerzen, chronische Krankheiten, wie Rheuma und Gicht, und schließlich auch organische Schäden. Empfindlich gestört und schließlich in Mit-

leidenschaft gezogen werden bei dieser hektischen Auseinandersetzung natürlich auch die Blutgefäße. Das Blut ist seiner Zusammensetzung nach verändert, die Gefäße werden überlastet, unterversorgt, die »Kriegstrümmer« in ihnen abgelagert.
Nicht weniger schädlich für Herz-Kreislauf sind nervliche Fehlsteuerungen infolge seelischer Belastungen. Der Schlag des Herzens und die Muskelbewegung der Arterien werden von einem weitverzweigten Nervensystem geregelt, das sich selbständig und wie von einem Computer geleitet den Erfordernissen des Augenblicks anpaßt. Bei hoher körperlicher Anstrengung beginnt das Herz – ohne Beeinflussung durch unseren Willen – schneller und kräftiger zu arbeiten. Im Schlaf drosselt es seine Tätigkeit auf ein Minimum.
Die nervliche Steuerung reagiert aber ebenfalls auf jede Gemütsbewegung und selbst auf seelische Vorgänge, von denen wir gar nichts wissen. So können Angst, Freude, Schreck, Überstreß, unbewußte Konflikte zu Fehlsteuerungen führen, die einer schweren Erkrankung gleichkommen. Nervöse Herzrhythmusstörungen schädigen vor allem die Herzkranzgefäße. So ist es kein Wunder, daß man Menschentypen herausgefunden hat, die ganz besonders für einen Herzinfarkt anfällig sind. Es sind nicht die »harten«, kämpferischen, aktiven Menschen, sondern im Gegenteil jene, die bedrohlichen Situationen gerne ausweichen, die unter Schuldkomplexen leiden, alles in sich hineinfressen und gleichzeitig angespannt nach Anerkennung heischen. Am häufigsten betroffen sind Leute in der sogenannten »Nußknacker-Position«: Sie sind Vorgesetzte und haben Verantwortung zu tragen und Befehle zu erteilen, werden gleichzeitig aber von Vorgesetzten selbst in die Mangel genommen. Also: Abteilungsleiter, Vorarbeiter

– und Ehemänner, die zu Hause nichts zu bestellen haben.

Wenn zwei und mehr Risikofaktoren aufeinandertreffen

Übergewicht ist kein Risikofaktor für Arteriosklerose. Diese Feststellung, statistisch untermauert, wäre vor wenigen Jahren noch auf heftigen Widerspruch gestoßen. Auch heute gilt sie nur mit der ganz wesentlichen Einschränkung: Vorausgesetzt, es tritt kein anderer Faktor hinzu, der von sich aus einen Verschleiß oder Gefäßveränderung verursacht.
Die Wirklichkeit sieht aber so aus: Wer überflüssige Pfunde besitzt, neigt verstärkt zum Diabetes. Bei erheblichem Übergewicht ist die Zuckerkrankheit schon beinahe unausbleiblich. Dickleibige Menschen haben außerdem fast immer einen zu hohen Blutdruck. Wenn sie nun auch noch rauchen, dann vervielfacht sich die Gefährdung.
Das gilt allgemein, sobald mehrere Risikofaktoren aufeinandertreffen:
Raucher, die zugleich Diabetiker sind, erleiden dreimal häufiger einen Herzinfarkt als gesunde Nichtraucher. Ist bei ihnen zusätzlich der Cholesterinspiegel erhöht, dann schnellt das Risiko auf das Zehnfache empor. Tatsächlich finden die Ärzte bei über der Hälfte der Patienten mit fortgeschrittener Arteriosklerose wenigstens zwei, häufiger sogar drei oder mehrere Risikofaktoren, während dreiviertel aller Menschen ohne krankhafte Arterienveränderungen von diesen Faktoren völlig frei sind, also nicht rauchen, keinen erhöhten Blutdruck und auch nicht zuviel Cholesterin im Blut besitzen.

Das ist für die Vorbeugung der Krankheit bedeutsam: Arteriosklerose ist kein unabwendbares Schicksal. Man kann die Krankheit verhüten.
Und: Es ist niemals zu spät, wirkungsvoll gegen sie anzugehen. Schon allein die Ausschaltung der Risikofaktoren schützt fast immer vor ihren verheerenden Folgen.

Strömung, Blutbeschaffenheit und Mesenchymreaktion

Die vielen Risikofaktoren und ihre Auswirkung auf die Blutgefäße machen deutlich: Arteriosklerose ist ein vielschichtiger Begriff. Bis heute gelang es den Wissenschaftlern nicht, ihre Entstehung eindeutig und umfassend zu erklären.
Es ist zwar weitgehend bekannt, wodurch die Krankheit verursacht wird, doch über das Wie und Warum gibt es noch manches Rätsel zu lösen. Schließlich handelt es sich bei der Arteriosklerose nicht nur um Verschmutzungen und Ablagerungen in den Arterien, sondern auch um tiefgreifende strukturelle Veränderungen der Gefäßwände selbst.
Man geht heute davon aus, daß hierbei die genannten Risikofaktoren unterschiedlich voneinander vor allem drei Dinge beeinflussen und verändern: Die Strömung des Blutes und seine Gerinnfähigkeit, die vorzeitige Abnützung der Innenwände und die Verhärtung der Blutgefäße.
Je schneller das Blut in den Arterien fließt, um so größer ist der Verschleiß der Gefäßwände vor allem dort, wo die Druckwelle unmittelbar auf sie aufprallt. Schon die kleinste Krümmung, Verengung oder entzündliche Veränderung kann zum Ausgangspunkt von Ablagerun-

gen und Veränderungen werden. Bei höherer Fließgeschwindigkeit und stärkerem Druck entstehen in den Gefäßen aber auch Wirbel und – wie bei einem Fluß – tote Zonen, in denen das Blut zum Stehen kommt und sich Verschmutzungen ansammeln. An diese Stelle kommt kein frisches Blut mehr. Die Gefäßwand wird nicht mehr ausreichend ernährt, entzündet sich und verkümmert.

Alle kranken oder veränderten Innenwände der Blutgefäße sind aber ideale Ankerplätze für Blutklumpen, falls das Blut zur vorschnellen Gerinnung neigt. Die Klumpen kleben fest, wachsen an und verstopfen schließlich das Gefäß.

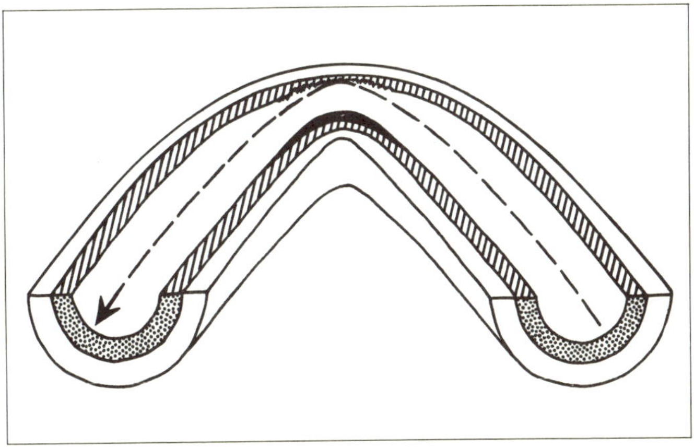

Abb. 4: Doppelt gefährdet, vom Blutstrom zerstört zu werden, sind Blutgefäße in Kurven und Umleitungen: Dort, wo die Blutwelle aufprallt, ist die Innenwand der Gefäße (Intima) besonderem Verschleiß ausgesetzt. Das Blut nagt an der Wand wie ein Fluß am Ufer. An der gegenüberliegenden Stelle dagegen entsteht eine tote Zone. Altes Blut wird vom Strom nicht mehr mitgezogen, verrottet und sammelt Ablagerungen. Die Wände werden zugekleistert – und wachsen zu. Die darunterliegende Stelle der Arterie wird nicht mehr ernährt, entzündet sich und verkümmert.

Dazu kommt die sogenannte »unspezifische Mesenchymreaktion«. Mesenchyme sind Grundbausteine des Bindegewebes. Ihr Einbau in das Gewebe ist normalerweise genau nach Bedarf geregelt. Ein gesunder Organismus kann gelegentliche Störungen jeder Art flexibel ausbalancieren. Bei ständigen Reizungen und Irreführungen durch äußere Einwirkungen aber antworten sie mit einer Stoffwechselsteigerung. Sie wachsen wild darauf los. Dabei wird das ursprünglich elastische Bindegewebe der Arterien mehr und mehr durch straffe Muskeln ersetzt. Und es sind eben die genannten Risikofaktoren, die diese Stoffwechselsteigerungen auslösen. Dazu kommen ganz spezielle Einwirkungen wie Lärm, Allergien, Gifte von Krankheitserregern, bestimmte Hormone, Bestrahlungen und Wettereinflüsse – Faktoren, die ebenfalls an der Entstehung der Arteriosklerose beteiligt sind und unter die Rubrik: »Übermäßiger Streß« eingeordnet werden können.

3. Kapitel
Das sind die ersten Alarmzeichen

Gewiß, man sollte nicht ständig in sich hineinhorchen und argwöhnisch fürchten, irgendein Wehwehchen, ein Zwicken oder Drücken oder Schmerzen könnten eine Krebskrankheit oder den drohenden Herzinfarkt ankündigen. Ängstliches, übertriebenes Sorgen um die eigene Gesundheit ist nur zu oft der erste Schritt zur Krankheit.

Andererseits hat niemand so viel Zeit und Gelegenheit, gesundheitliche Störungen zu beobachten und zu registrieren, wie der Patient selbst. Es ist ein eingefleischter Fehler der meisten Menschen, einfach wegzusehen, wenn Beschwerden auftauchen, und alles, was mit der Gesundheit zu tun hat, dem Arzt zu überlassen in der trügerischen Hoffnung, eine gelegentliche Untersuchung könnte auf Anhieb alles klären.

Arteriosklerose ist kein Blitz aus heiterem Himmel, der seine Opfer unangemeldet trifft. Das Unheil kündigt sich an. Rechtzeitig. Und jeder ist in der Lage, schon die allerersten Anzeichen wahrzunehmen – auch wenn manche von ihnen vieldeutig und unklar sind.

Wenn die Füße einschlafen

Am deutlichsten sind wohl die Mißempfindungen bei Durchblutungsstörungen in den Beinen.

Jeder kennt den Muskelkater: Am Tag nach einer ausgedehnten Wanderung ist man kaum mehr in der Lage zu gehen. Die Muskeln schmerzen. Jeder Schritt wird zur Qual. In den übermüdeten, meist untrainierten Muskeln haben sich nämlich Schlacken angesammelt. weil im Augenblick der Belastung die Versorgung der Muskeln (also Energiezufuhr und Schlackenabtransport) nicht mehr ausreichend funktionierte. Bei gesunden Arterien verschwinden die Beschwerden nach zwei, drei Tagen, und zwar um so schneller, je mehr die Muskeln trotz Schmerzen bewegt werden. Bei sklerotisch veränderten Arterien treten Muskelkaterschmerzen schon nach leichter und kurzer Belastung auf und dauern wesentlich länger.

Wer also besonders rasch zu Muskelkater neigt, muß damit rechnen, daß seine Blutgefäße »verkalkt« sind. Ähnlich ist es bei Muskelkrämpfen: Der Fußballer bekommt sie am Ende eines Spiels, wenn er die letzten Kräfte mobilisiert, um eine Niederlage abzuwenden oder den Sieg doch noch zu erreichen. Die Muskeln verkrampfen sich, weil ihre Versorgung für den Augenblick total zusammengebrochen ist. Der Hochleistungssportler weiß, daß er an die Grenze der Leistungsfähigkeit gekommen ist.

Arteriosklerosepatienten brauchen sich nur im Bett zu strecken (meistens passiert es in den frühen Morgenstunden) und schon ist ihnen dasselbe passiert: Die Muskeln ziehen sich im Krampf zusammen, weil die Blutversorgung nicht klappt.

Immer dann, wenn solche Muskelkrämpfe in den Waden oder Zehen häufig und ohne erkennbare Ursache auftreten, muß man ebenfalls an eine Arteriosklerose denken.

Häufig zeigen sich arterielle Durchblutungsstörungen zuerst aber in weit weniger schmerzhaften Erscheinungen, etwa in einem Kribbeln in den Zehen, im häufigen

Einschlafen der Füße, in einem Gefühl von Taubheit oder einfach in rascher Ermüdbarkeit. Solche Anzeichen müssen dann besonders ernstgenommen werden, wenn sie nicht in beiden Beinen gleichmäßig, sondern in einem Bein verstärkt auftreten.

Der Fußsohlentest

Leider werden die ersten Anzeichen fast niemals beachtet, oder sie werden fehlgedeutet. Wer rechnet mit knapp dreißig Jahren schon damit, Arteriosklerose zu haben? 90 Prozent aller Arteriosklerotiker kommen erst zum Arzt, wenn sie Schmerzen empfinden.
Man kann diesen Patienten oft nicht einmal einen Vorwurf machen, weil selbst Arterienverschlüsse manchmal keinerlei Beschwerden verursachen. Auf diese Weise »stumm« verläuft ein Verschluß etwa dann, wenn die Blutversorgung über »Umleitungen« zumindest für den Normalbedarf aufrechterhalten wird. Schmerzen in den Muskeln nach längerem Gehen mißdeutet man dann gerne als Überanstrengung oder Übermüdung. Und man ist nur allzu schnell bereit, sich mit »mangelnder Kondition« oder dem langsamen Nachlassen der Kräfte zu entschuldigen.
Solche verhängnisvollen Irrtümer kann man umgehen, wenn man sich in regelmäßigen Abständen einem Durchblutungstest unterwirft. Diese Tests sind so einfach und deutlich, daß sie jeder zu Hause selbst machen kann. So empfiehlt der italienische Kreislaufspezialist Dr. Rosario Martino, Mailand:

»Gehen Sie barfuß ungefähr zwei Minuten lang möglichst im Freien spazieren. Legen Sie sich anschließend nieder und bitten Sie jemanden, er möge Ihre

Fußsohlen betrachten. Finden sich darauf weiße Flecken, dann sollten Sie das Rauchen sofort einstellen und einen Arzt aufsuchen. Die weißen Verfärbungen zeigen nämlich an, daß die Beinarterien schon verengt sind und deshalb nicht mehr ausreichend Blut in die Füße gelangt.«

Abb. 5: Die Lagerungsprobe verrät Durchblutungsstörungen in Beinen und Füßen. Man legt sich auf den Rücken und streckt die Beine in die Höhe ...

Die Ratschow-Lagerungsprobe

Noch exakter und aufschlußreicher ist die Lagerungsprobe nach dem Mediziner Ratschow, die im Verdachtsfall vom Arzt vorgenommen wird, die aber auch jeder Ungeübte selbst ausprobieren kann:

Abb. 6: Zwei Minuten lang dreht man die Füße in den Sprunggelenken (Knöcheln). Schmerzen in den Waden und Füßen und Farbveränderungen verraten eine mangelhafte Durchblutung.

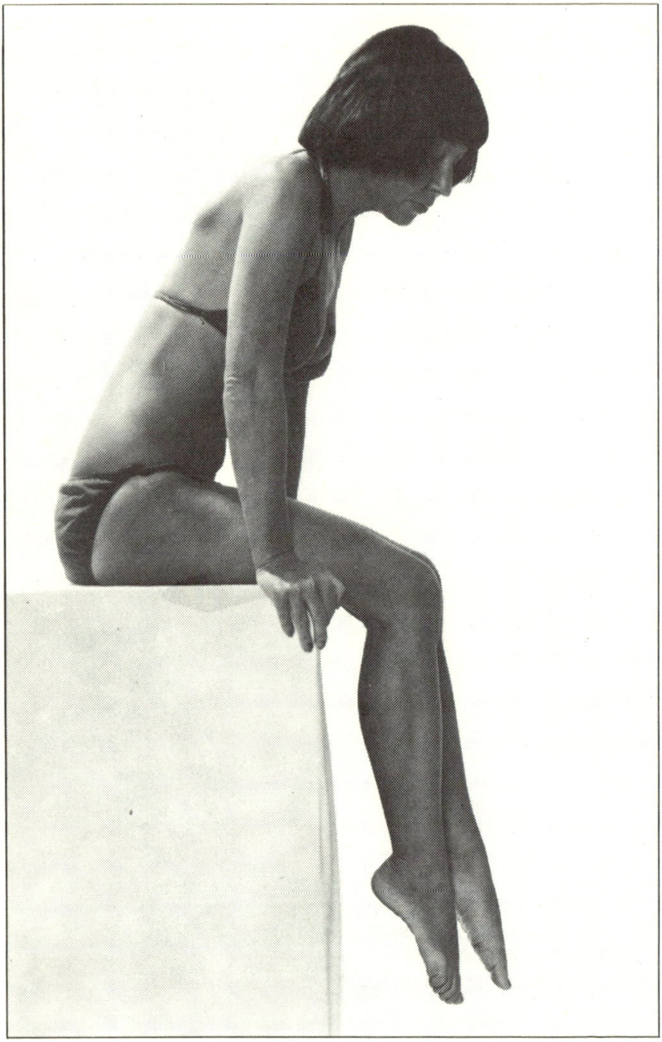

Abb. 7: Die »Hängephase« des Tests gibt noch deutlichere Aufschlüsse: Verzögert sich die Rötung der Füße oder bleiben sie überhaupt blaß, dann handelt es sich um arterielle Durchblutungsstörungen.

Man legt sich auf den Rücken und streckt beide Beine senkrecht in die Höhe. Man darf dabei ruhig die Oberschenkel umfassen und sich so etwas abstützen. Nun versucht man etwa zwei Minuten lang die Füße in den Sprunggelenken zu drehen. Der völlig Gesunde kann diese Übung bis zu zehn Minuten ohne Beschwerden und Veränderungen durchhalten. Bei Durchblutungsstörungen werden die Füße blaß, und es treten in Waden und Füßen Schmerzen auf, die ihn vielleicht sogar dazu zwingen, die Übung abzubrechen.

Noch deutlichere Hinweise auf eine Durchblutungsstörung gibt der zweite Teil des Tests:

Während man sich aufsetzt, läßt man die Füße locker herabhängen, und nun müßten sie eigentlich innerhalb von drei bis vier Sekunden rot anlaufen. Bei Durchblutungsstörungen verzögert sich die Rötung, oder sie bleibt ganz aus. Das sieht man besonders deutlich im Vergleich der beiden Füße. Wird der eine rot, während der andere blaß bleibt, dann besteht im blassen eine Durchblutungsstörung.

Der Arzt kann aus den verschiedenen Zeitverzögerungen, aus Umfang und Intensivität der blassen Zonen sehr genau auf Art und Schwere des Verschlusses rückschließen. Für den Laien genügt es wohl zu sehen, daß eine Durchblutungsstörung vorhanden und somit der Zeitpunkt gekommen ist, sich vom Arzt intensiv untersuchen zu lassen.

Ganz allgemein kann gesagt werden:

- Wird im Augenblick des Hochhaltens der ganze Fuß blaß – auch dann, wenn die Rollbewegung nicht ausgeführt wird, dann sind wahrscheinlich Aorta und Beckenarterien von der Arteriosklerose betroffen.

- Blaßt nur die Fußsohle ab, dann liegt der Verschluß in der Regel im Oberschenkel.
- Wird der ganze Fuß erst nach Rollbewegungen blaß, dann befindet sich die Arteriosklerose in den Unterschenkeln.
- Erblaßt nur der Vorfuß, dann könnte ein Verschluß in der Fußarterie liegen.

Solange die Füße in die Höhe gestreckt werden, muß das arterielle Blut – entgegen seinem normalen Fluß – ebenfalls in die Höhe steigen. Das bedeutet eine erhöhte Anstrengung. Das venöse Blut dagegen fließt verstärkt zum Herzen zurück. So kommt im kranken Bein das Erblassen zustande.
Läßt man die Beine anschließend hängen, schießt das arterielle Blut beim Gesunden verstärkt in das Gewebe zurück, wodurch es sich rötet. Bei Arteriosklerotikern ist der Rückfluß – je nach Schweregrad gehindert und deshalb die Rötung verzögert.
Es ist vorteilhaft, wenn man sich bei diesen Tests helfen läßt, weil solche Farbveränderungen in den Beinen von einem Helfer objektiver festgestellt werden. Außerdem sollte man die Lagerungsprobe in einem warmen Raum vornehmen, in dem man sich zuvor wenigstens eine halbe Stunde lang aufgehalten hat, damit Temperaturschwankungen das Bild nicht verfälschen.

Die Faustschlußprobe

Obwohl Durchblutungsstörungen in Armen und Händen weit seltener auftreten als solche in Beinen und Füßen, sind sie trotzdem keine Rarität. Man wird darauf aufmerksam, wenn man in den Armen besonders rasch er-

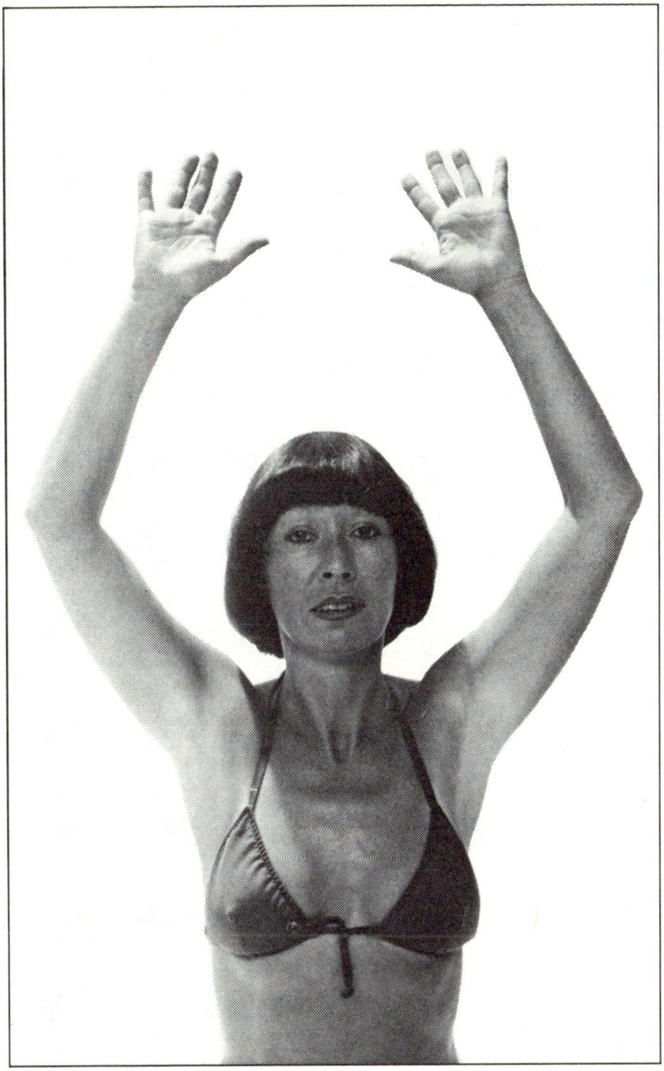

Abb. 8: Mit der Faustschlußprobe kann man Durchblutungsstörungen in Armen und Händen erkennen: Man hebt beide Arme über den Kopf, die Hände sind geöffnet...

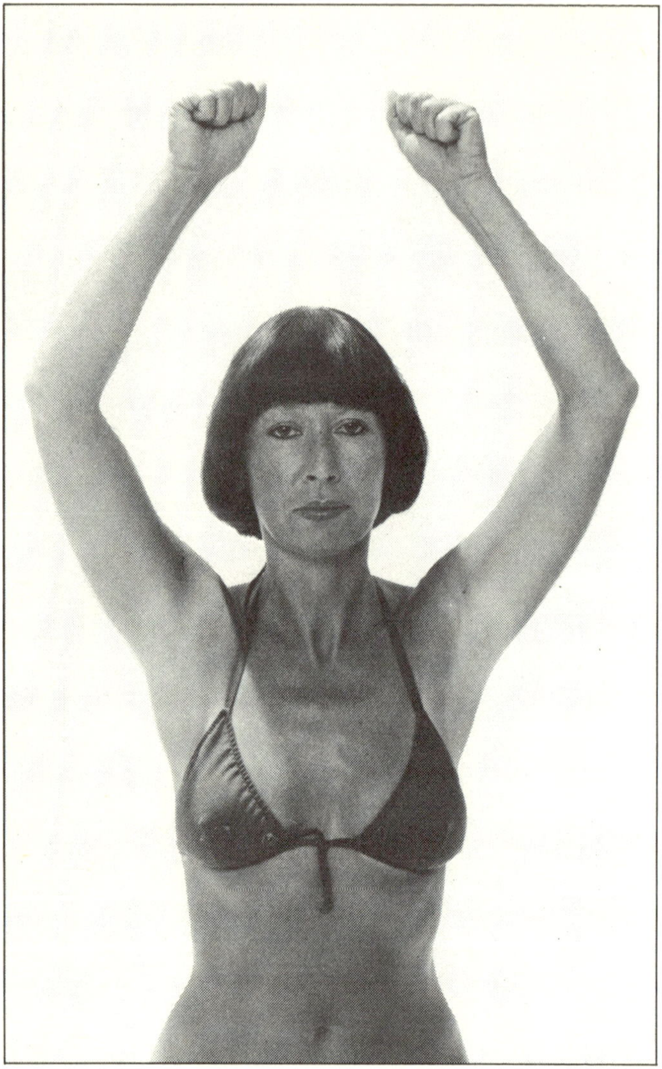

Abb. 9: Die Hände werden zur Faust geballt und kräftig zugedrückt. Dann wieder geöffnet. Das wiederholt man zehnmal...

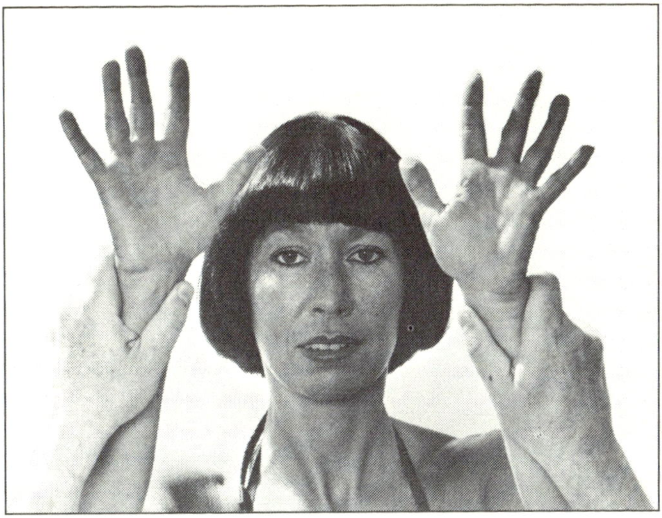

Abb. 10: Ein Helfer umschließt beide Handgelenke und drückt fest zu, während die Hände wieder zehnmal geöffnet...

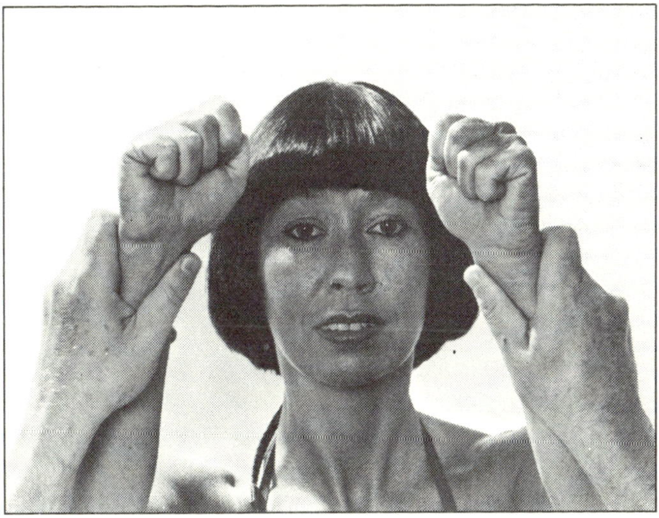

Abb. 11: ... und in langsamem Rhythmus geschlossen werden.

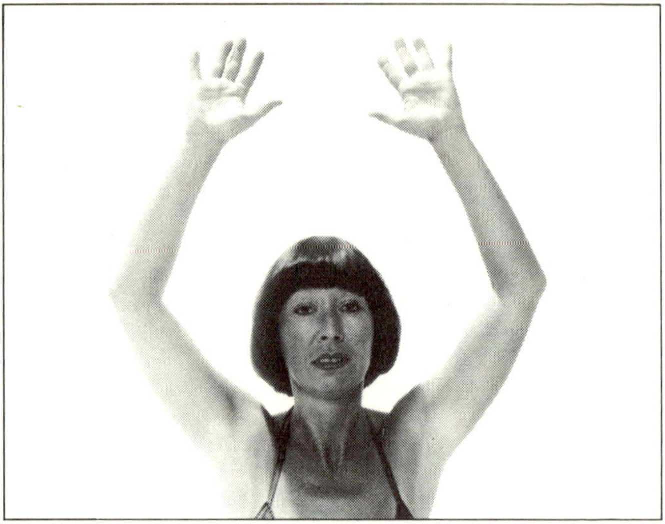

Abb. 12: Dann läßt der Helfer die Handgelenke schlagartig los. In vier Sekunden sollten nun Hände und Finger schön gleichmäßig rot gefärbt sein.

müdet, vor allem dann, wenn man mit erhobenen Händen arbeiten muß, etwa beim Aufhängen von Vorhängen, aber auch beim Frisieren oder Rasieren. Es gibt auch zur Feststellung dieser Arteriosklerose einen einfachen Test:

Man hebt die Arme senkrecht über den Kopf, schließt die Hände zur Faust und öffnet sie wieder. Das wiederholt man in langsamem Rhythmus etwa zehnmal. Dabei zählt man ruhig 21-22-23...

Schon jetzt sind auch gesunde und gut durchblutete Hände leicht blaß geworden.

Nun umschließt ein Helfer beide Handgelenke und drückt sie kräftig zu, während das Öffnen und Schließen der Hände fortgeführt wird. Zehnmal wird die Faust geballt. Danach läßt der Helfer die Handgelenke schlagartig los. Bei Gesunden schießt das Blut in die Hände. In spätestens 4 Sekunden sind sie knallrot – und zwar schön gleichmäßig. Auch die Finger haben sich rot verfärbt. Bei einem Arterienverschluß verzögert sich die Rötung, oder Teile der Hand bleiben überhaupt blaß. Beides wäre wiederum ein Grund, die Durchblutung der Arme und Hände vom Arzt eingehend untersuchen zu lassen, um so die letzte Gewißheit zu erlangen.

Auch bei der Faustschlußprobe kann aus der unterschiedlichen Verfärbung der beiden Hände mit einer gewissen Sicherheit auf Arteriosklerose geschlossen werden. Die Hand, die im Gegensatz zur anderen blaß bleibt oder sich langsamer verfärbt, ist nicht gesund.

Der weiße Ring im Auge

Das Infarktrisiko infolge arteriosklerotischer Veränderungen in den Herzkranzgefäßen läßt sich buchstäblich »ablesen«. Es gibt zwei Anzeichen, die ganz offensichtlich als Hinweis gedeutet werden können – in jedem Falle aber erhöhte Aufmerksamkeit verlangen.
Das erste Zeichen dieser Art ist im Auge der Arcus senilis, ein unregelmäßiger weißer Ring um den äußeren Rand der Augenhornhaut herum. Bei älteren Menschen ist er nichts Außergewöhnliches. Er zeigt an, daß sich Fett und Kalk in der Hornhaut abgelagert haben.
Findet sich der weiße Ring aber schon bei Menschen unter 45 Jahren, dann, so konnten kalifornische Wissenschaftler nachweisen, ist er ein deutlicher Hinweis dafür, daß die Herzkranzgefäße von einer vorzeitigen Arteriosklerose betroffen sind.

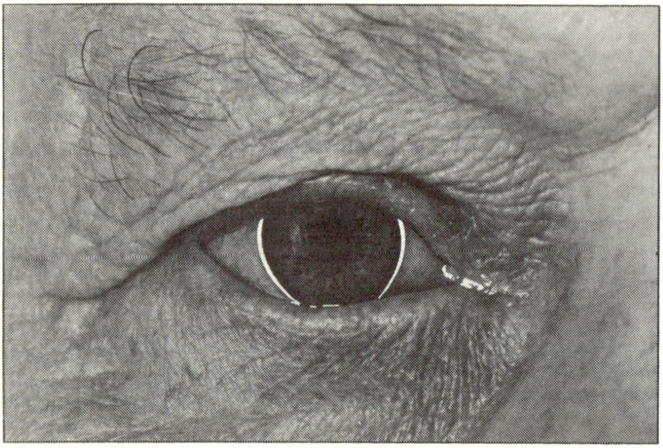

Abb. 13: Der weiße Ring um den äußeren Rand der Augenhornhaut ist ein Anzeichen für Fett- und Kalkablagerungen. Bei Menschen unter 45 Jahren zeigt er an, daß die Herzkranzgefäße von einer vorzeitigen Arteriosklerose betroffen sind.

Bei einem Viertel der Männer unter 50 Jahren kann der weiße Ring bereits festgestellt werden. Und für sie hat sich die Gefahr, einen Infarkt zu bekommen, auch ohne zusätzliche Risikofaktoren wie Rauchen, hoher Blutfettspiegel, Diabetes verdoppelt.

Die Falte im Ohrläppchen

Das zweite Zeichen ist eine Falte im Ohrläppchen. Sie verläuft von der untersten Ecke der Ohröffnung quer über das Ohrläppchen. Schon immer haben Ärzte dieser Falte besondere Aufmerksamkeit geschenkt und behauptet, daß sie in einem Zusammenhang mit der Erkrankung der Herzkranzgefäße stehe. Ärzte der Mayo-Klinik in Rochester konnten das schließlich bestätigen.

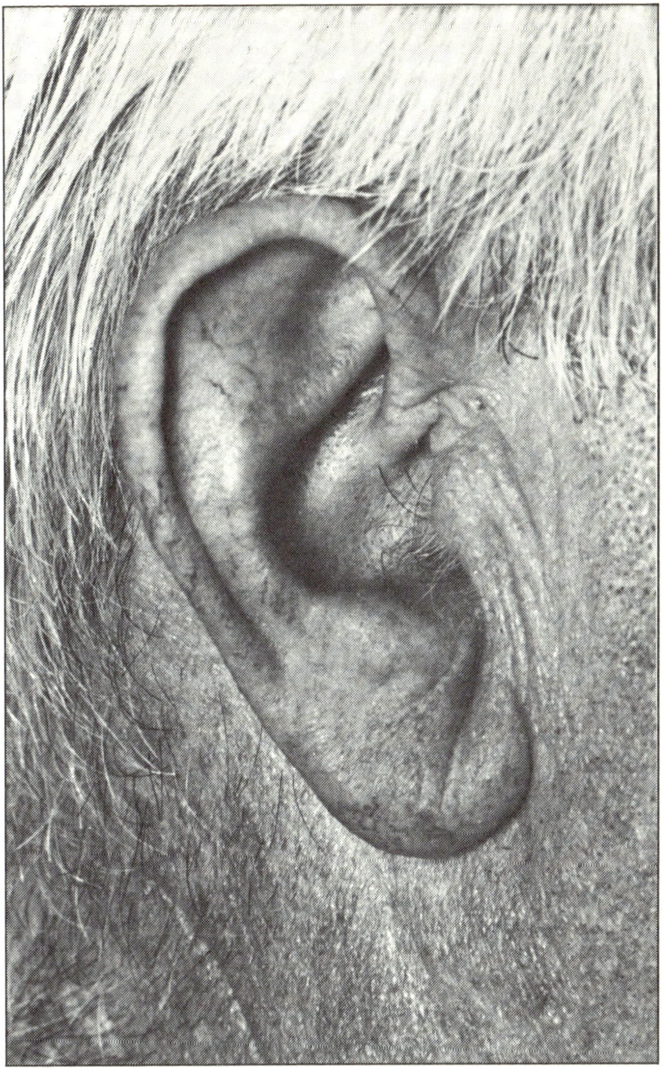

Abb. 14: Die Falte im Ohrläppchen – sie kann senkrecht oder quer verlaufen – ist in vielen Fällen ein deutlich sichtbarer Hinweis auf eine Erkrankung der Herzkranzgefäße.

So teste ich mein eigenes Risiko

Alter	Risiko	Cholesterin-werte mg %	Risiko	Systolischer Blutdruck mmHG	Risiko	Zigaretten-konsum pro Tag	Risiko
40–44	1,0	unter 180	0,7	unter 115	0,8	keine	1,0
45–49	1,5	unter 230	1,0	unter 130	1,0	unter 5	1,1
50–54	2,2	unter 290	1,7	unter 160	1,5	unter 10	1,2
55–59	3,2	unter 300	2,4	unter 170	2,3	unter 20	1,4
		über 300	3,4	über 170	3,7	unter 30	1,5
						über 30	1,7
Ihre eigenen Werte:							
Alters-Risiko:		Cholesterin-Risiko:		Blutdruck-Risiko		Zigaretten-Risiko	
______		mal ______		mal ______		mal ______	=

Rechnen Sie Ihr Risiko selbst aus: Setzen Sie in die Tabelle Ihre Worte und vervielfachen Sie die Zahlen miteinander.

Sie sagen heute: Verspürt etwa ein Mann über 45 Jahren Schmerzen in der Brust und weisen noch andere Anzeichen darauf hin, daß seine Herzkranzgefäße krank sein könnten, dann kann er völlig beruhigt sein, falls die Falte im Ohrläppchen fehlt. Mit 91 Prozent Sicherheit hat er die Krankheit nicht. Umgekehrt aber: Ist die Falte vorhanden, dann stehen seine Chancen neun zu eins.
Wieso aber gerade eine Falte im Ohrläppchen? Die Ärzte der Mayo-Klinik nehmen an, daß es sich hier um eine Art Spiegelung der Vorgänge in den Herzkranzgefäßen handelt. Jedenfalls konnten sie belegen, daß die Falte weder vererbt wird noch von ständigem Zupfen am Ohr herrührt.

Die »Bombe« tickt im Hals

Von der arteriosklerotischen Veränderungen in den Beinen, in einem Arm oder in den Herzkranzgefäßen kann nicht ohne weiteres auf eine »Verkalkung« der Arterien im Gehirn geschlossen werden. Auch der weiße Ring in den Augen und die Ohrläppchenfalte können nicht als direkter Hinweis gewertet werden. Das wäre zu einfach.
Trotzdem läßt jede arteriosklerotische Veränderung in einem Bereich des Körpers oder der Gliedmaßen doch vermuten, daß auch andere Partien des Arteriensystems betroffen sind. Und die Erfahrung zeigt, daß dies tatsächlich sehr häufig der Fall ist.
Für die Blutgefäße des Gehirns verstärkt sich der Verdacht, sobald das Gedächnis nachläßt und man wichtige Dinge immer häufiger vergißt, wenn die Konzentrationsfähigkeit schwindet, man geistig besonders rasch er-

müdet, Sehstörungen beobachtet oder unter Schwindelanfällen leidet.
Auch der Schlaganfall ist kein Blitz aus heiterem Himmel, der völlig unerwartet und ohne Ankündigung zu»schlägt«. Ihm voraus gehen in den meisten Fällen Gefäßverengungen, die in Jahren zustande kommen und nicht immer ganz leicht feststellbar sind.
Die Halsschlagader – wichtigster Ansatzpunkt für Arteriosklerose in diesem Bereich – kann schon zu dreiviertel verschlossen sein, ehe man überhaupt etwas davon merkt.
Der Arzt hat allerdings die Möglichkeit, gefährliche Engpässe dieser Art mit dem Stethoskop festzustellen: Der veränderte Blutfluß an dieser Stelle ergibt ein zischendes, tickendes Geräusch. Wer ein Stethoskop besitzt, kann das selbst ausprobieren: Man setzt es an die Halsschlagader. Ist sie gesund, dann vernimmt man ein dumpfes, rollendes Geräusch.
Besteht an dieser Stelle aber eine Arterienverengung, dann zischt, gluckst und tickt es. Dann muß eine ärztliche Untersuchung klären, ob tatsächlich ein Engpaß vorhanden ist, um vorbeugende Maßnahmen gegen den Schlaganfall einleiten zu können.

Blutdruckmessung, Pulstasten

Erhöhter Blutdruck gehört zu den Risikofaktoren für die Arteriosklerose. Umgekehrt aber ist ein erhöhter Blutdruck häufig ein Anzeichen dafür, daß die Arterien in ihrem Inneren verengt sind. Das Blut hat durch die Ablagerungen weniger Platz, es muß – wie der Fluß an einer Stromschnelle – mit größerem Tempo und höherem Druck passieren. Aus diesem Grund haben in der Regel ältere Menschen einen etwas erhöhten Blutdruck. Diese Tatsache hilft jüngeren mit Hilfe regelmäßiger Blutdruckmessungen festzustellen, ob möglicherweise eine Arteriosklerose droht. Es ist ein Irrtum anzunehmen, Blutdruckmessungen müßten dem Arzt überlassen werden. Selbstverständlich kann sie jeder selbst vornehmen – vielleicht sogar noch exakter als der Arzt, weil man zu Hause nicht aufgeregt ist, die nötige Ruhe hat und unbegrenzt oft messen kann. Das ergibt viele Vergleichsmöglichkeiten – vor allem dann, wenn die Messungen eingetragen werden. Blutdruckmessungen werden im Hinblick auf Arteriosklerose dann besonders aufschlußreich, wenn man die Meßergebnisse von beiden Armen und von beiden Beinen miteinander vergleicht.

Ebenso nützlich wie das Blutdruckmessen, kann auch das Pulstasten sein.

An rund zwei Dutzend Stellen des Körpers kann man Schlagadern ertasten und den Puls feststellen – besser gesagt: man sollte ihn feststellen können. Denn es wäre von wenigen Ausnahmen abgesehen ein Zeichen dafür, daß ein gesunder unbehinderter Blutfluß vorhanden ist und Gefäßverengungen nicht befürchtet werden müssen.

Es gehört ein wenig Übung dazu, die richtigen Stellen zu finden und die Pulstastung fachgerecht vorzunehmen. Man kann das an manchen Stellen selber tun. Besser ist es, wenn der Ehepartner oder ein Familienmitglied das Pulsmessen in regelmäßigen Abständen vornimmt. Es gibt kaum eine Gesundheitsvorsorge, die sinnvoller ist. Bei keiner anderen Maßnahme lernt man seinen Gesundheitszustand besser kennen.

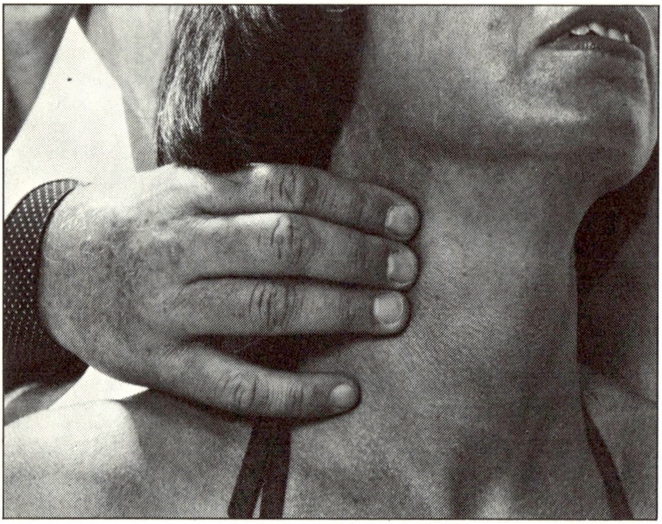

Abb. 15: Pulstasten an der Halsschlagader.

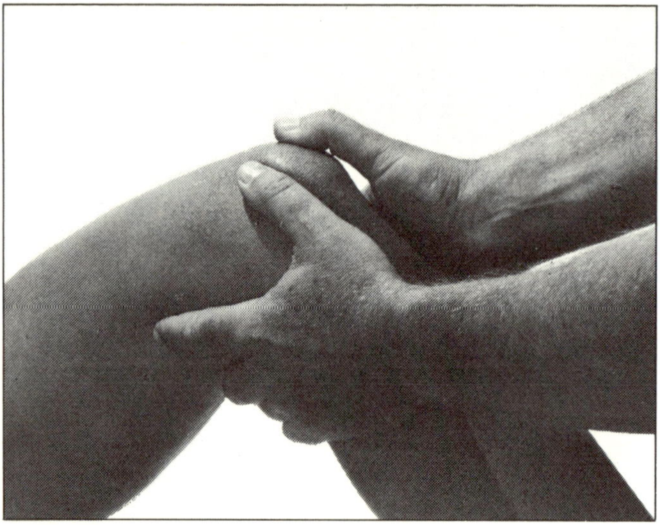

Abb. 16: In der Kniekehle.

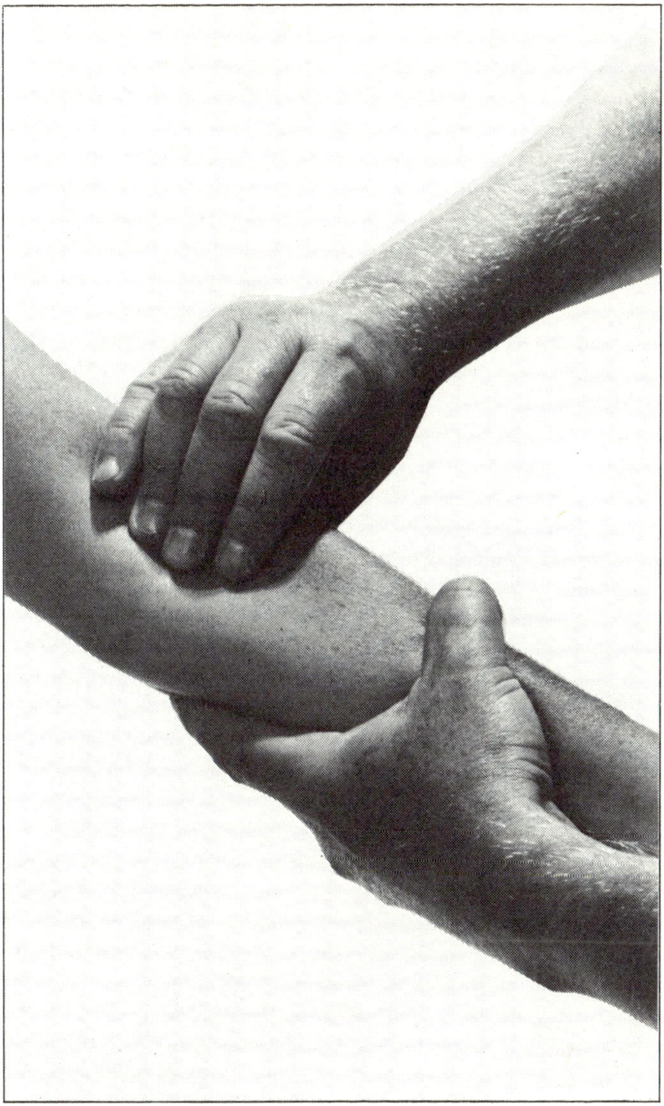

Abb. 17: Im Ellenbogen.

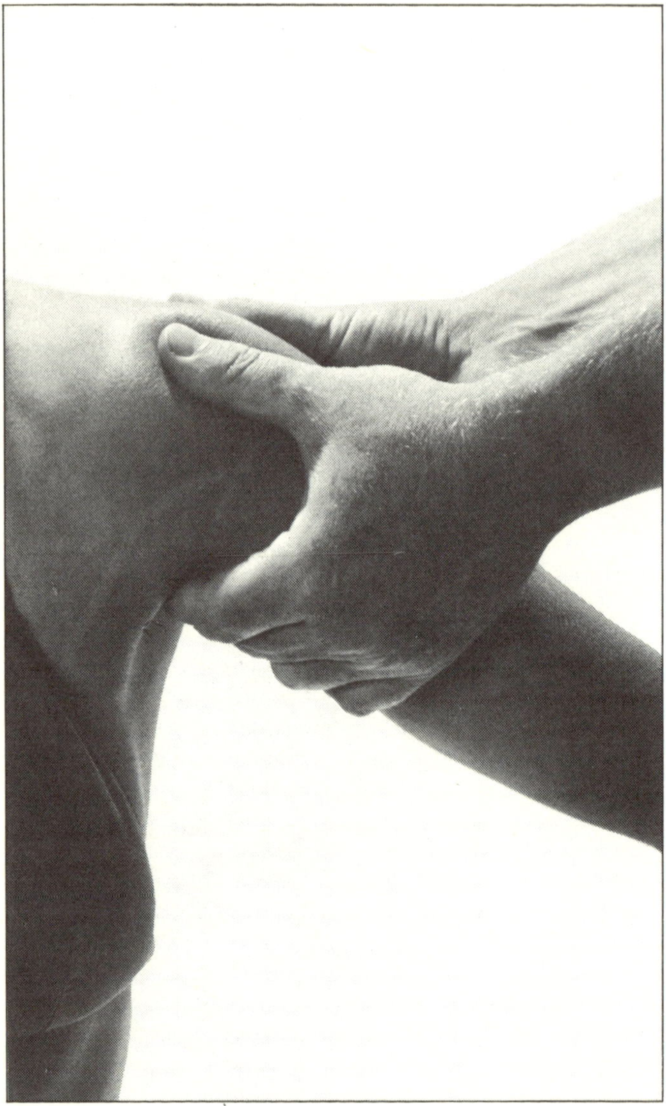

Abb. 18: In der Achselhöhle.

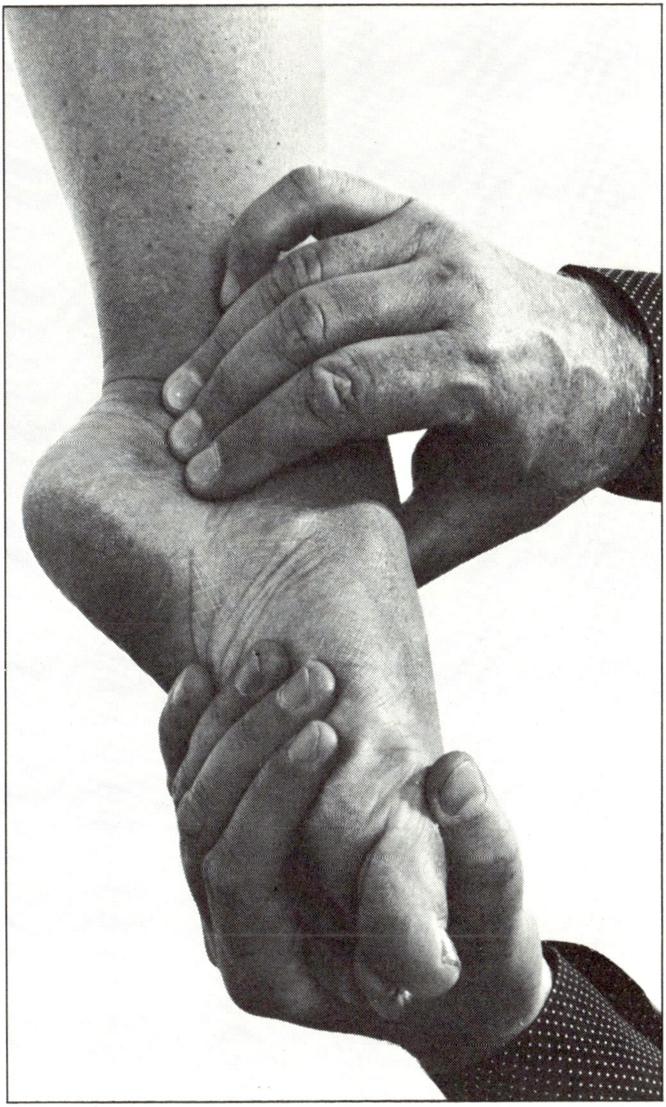

Abb. 19: Unter dem Knöchel.

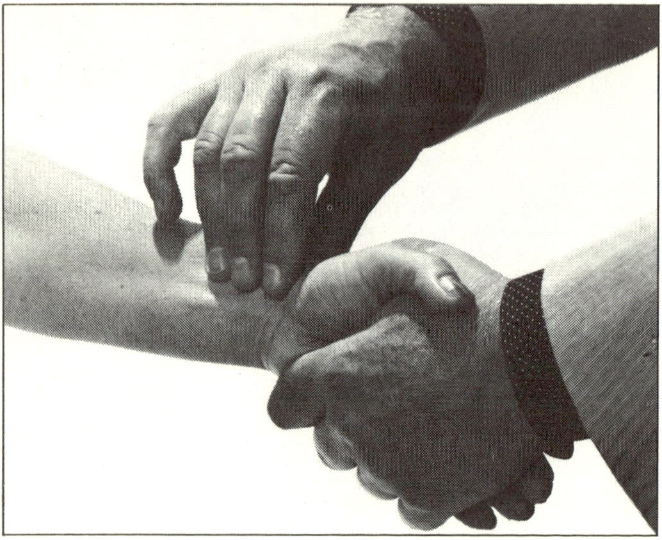

Abb. 20: Im Handgelenk.

Am wichtigsten ist das Pulstasten an der Halsschlagader, den Schlagadern in den Kniekehlen, den Ellenbogen und in den Füßen. Der Vergleich beider Beine, Arme und Füße gibt auch in diesem Fall wertvolle Hinweise über den Zustand der Arterien.

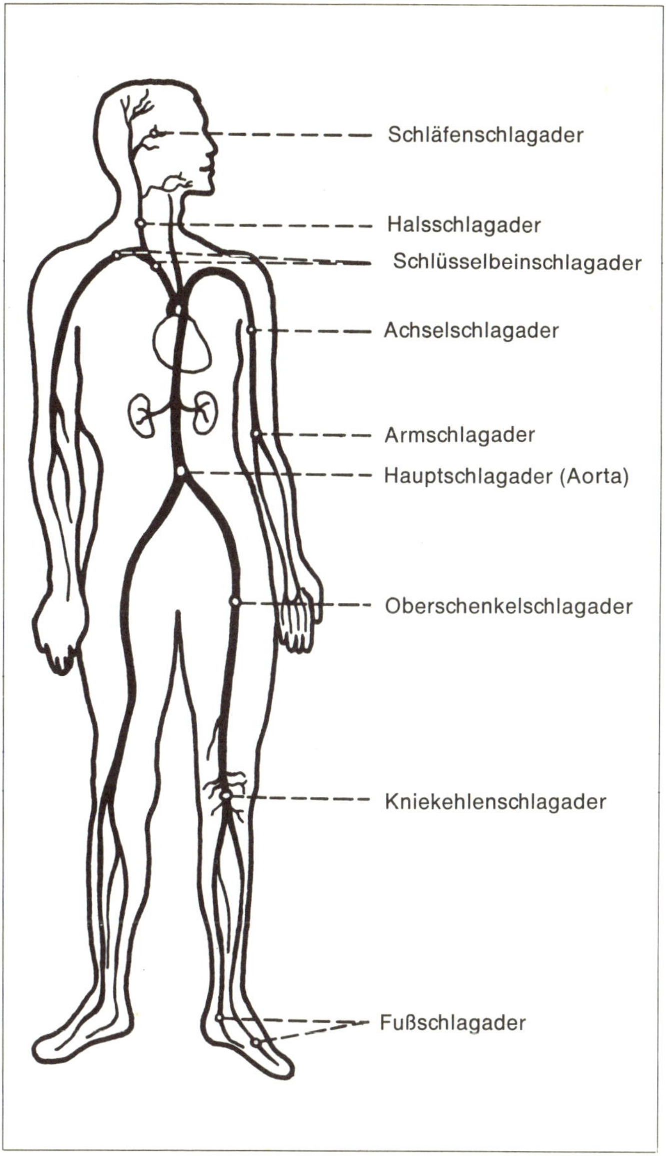
Schläfenschlagader
Halsschlagader
Schlüsselbeinschlagader
Achselschlagader
Armschlagader
Hauptschlagader (Aorta)
Oberschenkelschlagader
Kniekehlenschlagader
Fußschlagader

4. Kapitel
Die unübersehbaren Anzeichen

Werden die ersten Hinweise allzuleicht übersehen und fehlt bislang noch jede Eigeninitiative, auf sie zu achten, so werden die unübersehbaren, deutlichen und unmißverständlichen Anzeichen meist auch nicht beachtet: Nur sehr selten werden sie als Alarmzeichen verstanden, die dringend eine Behandlung der Arteriosklerose verlangen.
Tauchen Schmerzen oder Beschwerden zum ersten Mal auf, dann wartet man in der Regel erst einmal ab, ob sie nicht wieder von selbst vergehen. Kehren sie wieder oder bleiben sie unverändert, dann nimmt man sie nur zu oft als etwas Unabänderliches hin. Bestenfalls versucht man, die Schmerzen auszuschalten, ohne auch nur nach ihren Ursachen zu fragen. Schmerzen, die von einer Arteriosklerose ausgelöst werden, sind aber kein Zeichen dafür, daß augenblicklich und vorübergehend etwas nicht stimmt. Sie melden sich, wenn die Durchblutung eines Gewebes so mangelhaft geworden ist, daß tatsächlich höchste Alarmstufe besteht.

Die »Schaufensterkrankheit«

Ältere Frauen sieht man manchmal mit kleinen Schritten durch die Straßen trippeln, sie beginnen zu hinken und bleiben vor jedem Schaufenster stehen. Nicht die Auslagen lassen sie innehalten – sondern Schmerzen in den

Waden oder im Fuß. Sie haben so etwas wie einen Wadenkrampf oder leiden unter dem schmerzhaften Gefühl, sie müßten barfuß über spitze Steine gehen. Sobald sie stehen bleiben, klingt der Schmerz ab. Nach wenigen Minuten können sie wieder einige Schritte tun, bis sich die Qualen erneut ins Unerträgliche gesteigert haben, so daß sie wieder stehen bleiben müssen. Die Mediziner nennen dieses Leiden »Claudicatio intermittens« (Zeitweiliges Hinken).

Die Arteriosklerose ist bereits so weit fortgeschritten, daß der Betroffene nur noch im Ruhezustand beschwerdefrei ist. Bei Anstrengungen macht sich die Unterversorgung der Muskeln durch heftige Schmerzen bemerkbar.

Leider geht der moderne Mensch größtenteils so wenig (oder spaziert er so gemächlich), daß er seine arteriosklerotisch bedingten »Grenzen«, das heißt die stets kürzere Gehstrecke, die er noch ohne Schmerzen zurücklegen kann, erst sehr spät erfährt. In der Regel nämlich dann, wenn sich der Sauerstoffmangel-Schmerz schon nach zwei- bis dreihundert Metern einstellt. Und selbst dann kann man sich über die Beschwerden »hinwegschwindeln«, indem man sein Tempo so weit drosselt, bis die Beschwerden ausbleiben. Man geht also so langsam, daß der Sauerstoffbedarf möglichst gering ist und die Versorgung gerade noch ausreicht.

Die Stelle, an der die Schmerzen auftreten, verrät, wo der Arterienverschluß zu suchen ist:

- Schmerzen im Gesäß deuten auf Arteriosklerose der Aorta.
- Schmerzen im Oberschenkel deuten auf Arteriosklerose der Bauchschlagader.
- Schmerzen in der Wade deuten auf Arteriosklerose der Oberschenkelschlagader.

- Schmerzen in der Fußsohle deuten auf Arteriosklerose der Fußschlagader.
- Schmerzen in den Zehen deuten auf Arteriosklerose der Fußsohlenarterie.

Ruheschmerzen und »Raucherbein«

Sobald die Arteriosklerose noch weiter fortgeschritten ist, so daß die Blutversorgung auch im Ruhezustand nicht mehr ausreicht, treten die Ruheschmerzen auf. Sie gehören zum Schlimmsten, was man sich vorstellen kann und sind überaus zermürbend. Der Spezialist für Gefäßerkrankungen, Professor Dr. Klaus Alexander von der Medizinischen Hochschule Hannover, schildert diesen Zustand folgendermaßen:
»Für den Kranken wird der Ruhezustand im Bett mit Horizontallagerung des durchblutungsgestörten Beines unerträglich. Rastlos wandert er im Zimmer umher, sucht immer neue Positionen für das Bein, das er oft wochenlang Nacht für Nacht senkrecht über den Bettrand heraushängen läßt. Jede heraufziehende Nacht versetzt den Patienten in Angst; am Tage sitzt der Kranke, für Umweltereignisse teilnahmslos, vorn übergebeugt auf seinem Lager, er umklammert den schmerzenden Fuß, reibt und massiert das Bein, das er bald herabhängen läßt, bald im Schneidersitz in immer neue Positionen bringt. Hygiene und Nahrungszufuhr werden vernachlässigt, viele Patienten werden in diesen Tagen wieder zu hemmungslosen Kettenrauchern in der vergeblichen Hoffnung, so die peinigenden Beschwerden zu lindern. Am kennzeichnendsten für die Intensität der Schmerzen ist aber wohl die Tatsache, daß der Kranke schließlich in tiefer Verzweiflung

eine Befreiung von seinen Qualen durch Amputation erfleht«, »Der heftige Ruheschmerz«, so berichtet der Wissenschaftler weiter, »trifft den Kranken im typischen Fall peitschenschlagartig, bei der Hälfte der Kranken macht sich der Arterienverschluß jedoch schleichend bemerkbar. Zuerst zeigt sich ein Kribbeln oder Taubheit.«
Da sich Durchblutungsstörungen der Venen ähnlich äußern können, gibt es zur Unterscheidung der arteriosklerotisch bedingten Schmerzen eine Faustregel:
Bei Arteriosklerose treten die ersten Schmerzen beim Gehen auf. Und sie klingen ab, wenn man stehenbleibt. Bei venösen Stauungen steigern sich die Schmerzen, sobald man steht, und sie vergehen, wenn man geht.

Gewebe, das nicht mehr ausreichend versorgt ist, wird krank und stirbt ab. Es ist überdies besonders anfällig für kleine Verletzungen und Infektionen und kann diese nicht mehr ausheilen. So werden nicht mehr durchblutete Zehen schwarz und müssen amputiert werden. Vornehmlich am Unterschenkel entstehen Geschwüre (Gängräne), die sich auch mit den besten Medikamenten kaum behandeln lassen. Sie verfärben sich, werden immer größer und lassen schließlich das Bein aussehen, als stamme es von einer Mumie. Man spricht gewöhnlich vom Brand, weil es wie verbrannt aussieht. Nicht selten bereitet ein Bein in diesem Zustand kaum mehr Schmerzen. Es ist taub, gefühllos geworden, so daß die Gefahr gegeben ist, daß man es leicht verbrennt, weil man die Hitze nicht mehr wahrnimmt. Außerdem hat man kein Gespür mehr dafür, daß Schuhe zu eng oder zu klein sind und schädigt die minderdurchblutete Fußhaut zusätzlich durch Druck. Bei richtigen und rechtzeitigen Behandlungen könnten fast alle Leiden dieser

Art und die notwendigerweise folgende Amputation vermieden werden. Schlamperei und Uneinsichtigkeit sind die Wegbereiter des »Raucherbeins«. Wer glaubt, ein »offenes Bein« könnte von selbst heilen, wer Wunden, die nicht heilen wollen, einfach hinnimmt und auf ein Wunder wartet, dem ist nicht mehr zu helfen.

Angina pectoris und Herzinfarkt

Vergleichbar der »Schaufensterkrankheit« in den Beinen und ähnlichen Schmerzen in Armen und Händen infolge vorschneller Ermüdung ist die Angina pectoris als Zeichen der mangelhaften Durchblutung der Herzmuskulatur. Man könnte vom Muskelkrampf im Herzen sprechen. Im Gegensatz zu allen übrigen Muskeln des Körpers kennt der Herzmuskel keine Ruhepausen. Er kann sich nur in den kurzen Sekundenbruchteilen zwischen den einzelnen Herzschlägen erholen. Das genügt dem gutversorgten Herzen auch bei großen Anstrengungen. Sind die Herzkranzgefäße aber verstopft und starr und kommt infolgedessen zu wenig Blut in die Muskeln, dann verkrampfen sie. Die Schmerzen strahlen manchmal bis in den linken Arm aus und treten wie ein Anfall auf – und zwar dann, wenn große körperliche Belastung (Treppensteigen) oder nervöse oder seelische Spannungen besondere Anforderungen stellen. Sie sind verbunden mit großer Angst. Kalter Schweiß bricht aus, und der Puls beginnt zu jagen. Man hat das Gefühl, als hätte sich eine eiserne Klammer um die Brust gelegt, als müßte man ersticken.
Meistens löst sich der Krampf nach wenigen Minuten. Doch es bleibt die Angst vor dem nächsten Anfall. Man traut sich nichts mehr zu und wagt kaum mehr, richtig

zu atmen. Treten die Anfälle häufiger auf, dann wird der Herzmuskel nach und nach geschädigt, und es kommt zur Herzschwäche.

Wie beim »Raucherbein« reicht bei der Angina pectoris das Sauerstoffangebot infolge zugewachsener und verhärteter Arterien nicht mehr aus, besondere Leistungen zu ermöglichen.

Dauert der Angina-pectoris-Anfall länger als zehn Minuten, muß damit gerechnet werden, daß ein Herzinfarkt vorliegt. Ist nämlich ein Ast der Kranzgefäße völlig verschlossen, dann stirbt die Muskelpartie ab, die hinter dem Verschluß liegt. Viele Herzinfarkte sind relativ klein, das heißt nur wenige Muskeln sind betroffen. Dann merkt der Betroffene möglicherweise nichts von der Gefahr, in der er schwebt. Er tut den Infarkt als vorübergehendes Unwohlsein ab.

Ist der abgestorbene Muskelteil aber groß, dann brechen Herztätigkeit und Kreislauf zusammen. Der Patient ist dann nicht mehr zu retten.

Schätzungsweise neunzig Prozent aller Angina-pectoris-Anfälle sind auf Arteriosklerose zurückzuführen.

Koliken nach dem Essen

Am seltensten beachtet und mit einer Arteriosklerose in Zusammenhang gebracht werden Schmerzen im Oberbauch, die unmittelbar nach der Nahrungsaufnahme auftreten. Bei der Angina abdominalis handelt es sich um arteriosklerotische Veränderungen der Arterien, die für die Versorung der Verdauungsorgane zuständig sind. Die Verarbeitung der Nahrung benötigt sehr große Mengen an Blut. Steht es nicht oder nur unvollständig zur Verfügung – in den meisten Fällen wiederum durch arteriosklerotische Veränderungen der Gefäße dann kommt es zu Krämpfen in den Muskeln. Vieles von dem, was in der Regel als Magendrücken, Völlegefühl und Verdauungsbeschwerden bezeichnet wird, ist tatsächlich nichts anderes als ein heftiger Muskelkrampf der unterversorgten Verdauungsorgane. Die Folgen sind mangelhafte Verdauung und schließlich Organschädigungen.

Der Schlaganfall

»Er ist in letzter Zeit so sonderbar geworden», berichten Familienangehörige oft. Und tatsächlich bringt die Arteriosklerose in Gehirnarterien neben Schwindelanfällen, Leere im Kopf, Konzentrationsschwäche häufig eine regelrechte Veränderung der Persönlichkeit mit sich. Menschen werden plötzlich starrsinnig, besonders reizbar, stark egoistisch, nörglerisch. Man spricht in diesem Fall gerne vom Altersstarrsinn, vor dem selbst Heilige nicht verschont blieben.
Diese Persönlichkeitsveränderungen sollten als Vorboten eines Schlaganfalls sehr ernstgenommen werden, denn sie deuten darauf hin, daß Gefäße im Gehirn verengt sind, daß also die Blutversorgung in manchen Regionen des Gehirns nicht mehr ausreichend funktioniert. Die Folge kann sein, daß eine Arterie bricht und sich das Blut in das Gehirn ergießt. Da sich der Schädel nicht ausdehnen kann, wird das Gehirn zusammengedrückt, wodurch Gehirnpartien absterben.
Es ist aber auch möglich, daß eine Arterie völlig undurchlässig wird und somit ein Hirninfarkt entsteht: Der nicht mehr durchblutete Teil des Gehirns stirbt ab. Nicht selten bemerkt eine Frau morgens am Frühstücks-

tisch, daß ein Mundwinkel ihres Mannes merkwürdig herunterhängt oder daß ein Augenlid halbgeschlossen bleibt, daß ihr Mann eine Hand nicht richtig gebrauchen kann oder einen Fuß nachzieht. Sie sagt dann zum Arzt: »Ich fürchte, mein Mann hatte heute Nacht einen leichten Schlag.« Und sie meint: er sei wohl von einem Schlaganfall (Gehirnschlag) heimgesucht worden. Tatsächlich verlaufen solche schweren Durchblutungsstörungen im Gehirn ähnlich wie leichte Herzinfarkte ebenfalls oft fast unbemerkt – vorausgesetzt der angerichtete Schaden bleibt in Grenzen.
Ist dies allerdings nicht der Fall, werden also größere Bezirke und Zentren des Gehirns betroffen, macht sich die Katastrophe in Lähmungen bemerkbar, die sich über eine ganze Körperhälfte erstrecken können. Falls durch die Lähmung aber lebenswichtige Funktionen völlig ausfallen, stirbt der Patient.
Durch rechtzeitige Behandlung – wozu auch Operationen gehören – könnten alljährlich viele tausend Menschen vor Lähmungen und Tod bewahrt werden.

Impotenz

Wahrscheinlich in sehr viel mehr Fällen, als heute noch allgemein angenommen wird, ist die Impotenz des Mannes kein psychischer Defekt, sondern ganz einfach ebenfalls eine Durchblutungsstörung.
Ein Beispiel ist typisch für diese Form der Arteriosklerose: Ein Arzt vom Tegernsee behandelte einen 76jährigen Patienten wegen Durchblutungsstörungen in beiden Beinen. Er litt an der »Schaufensterkrankheit«. Schon nach wenigen Tagen wurde der Arzt von der besorgten Frau seines Patienten angerufen. Sie wollte

wissen, ob es für ihren Mann denn gesund ist, daß er plötzlich wieder täglich liebt, obwohl er seit zehn Jahren keinerlei Interesse mehr daran gezeigt hatte.
Die bessere Durchblutung des Unterleibs hatte ihm seine Manneskraft zurückgegeben. Schwierigkeiten auf sexuellem Gebiet sollten deshalb auch immer als Folgen einer möglichen Arteriosklerose in Betracht gezogen werden, denn 80% aller Patienten, die wegen Durchblutungsstörungen der Beine behandelt werden, berichten anschließend über eine erfreuliche Steigerung ihrer Potenz.

5. Kapitel
Das kann der Arzt feststellen

»Der Patient muß zum Spezialisten seiner Krankheit werden«, fordern immer mehr Ärzte, allen voran die Experten für Herz- und Kreislauferkrankungen, Rheuma und Diabetes. Dem seuchenartigen Auftreten dieser Krankheiten kann nur wirksam begegnet werden, wenn jeder einzelne über die wichtigsten Krankheitssymptome Bescheid weiß und sich aufrafft, sich über seinen Gesundheitszustand selbst ein Bild zu machen und somit Anzeichen einer Krankheit notfalls rechtzeitig aufzuspüren. Sich kennen ist der erste Schritt zur Gesundheit, die Korrektur der Lebensweise dann der zweite. Nur so kann verhindert werden, daß vorzeitiges Altern, Invalidität und Siechtum für viele Menschen zum unausweichlichen Schicksal wird.

Viele Beschwerden, Behinderungen und Schmerzen lassen keinerlei Zweifel offen, daß sie letzlich von einer Arteriosklerose verursacht werden. Wer sich nur ein wenig Mühe gibt, die eigene Leistungsfähigkeit zu beobachten – von exakter Kontrolle soll gar nicht gesprochen werden, – der weiß sehr schnell Bescheid. Andere Anzeichen lassen nicht immer und eindeutig auf Gefäßerkrankungen schließen. So kann es durchaus passieren, daß Durchblutungsschmerzen im Oberschenkel mit Ischias-Beschwerden oder Muskelrheumatismus verwechselt werden, daß arteriosklerotisch bedingte Kopfschmerzen als Migräne oder Angina pectoris als nervöse Herzbeschwerden fehlgedeutet werden.

Nicht nur in diesen zweifelhaften Fällen, sondern bei jedem begründeten Verdacht auf Arteriosklerose, sollte man sich unbedingt gründlich vom Arzt untersuchen lassen. Einmal, weil er letztlich mit Sicherheit die Krankheit von anderen abgrenzen und deshalb exakt diagnostizieren kann, zum anderen vor allem auch, weil ihm die Möglichkeiten gegeben sind, herauszufinden, wo genau die Gefäßverengungen liegen und wie man ihnen beikommen kann.
In der Regel wird sich der Arzt zunächst auf jene Methoden stützen, die auch der Patient zu Hause selbst anwenden kann. Also: Pulstasten, Messung der Hauttemperatur, Lagerungsprobe, Faustschlußprobe, Abhören der Gefäßgeräusche (Auskultation). Er wird nach den Risikofaktoren forschen, das heißt: Blutdruckmessung, Diabetestest, Ermittlung der Blutfettwerte, Erkundigungen nach Gewohnheiten (Rauchen, Essen etc).
Sollte sich dabei der Verdacht auf Arteriosklerose erhärten, stehen ihm darüber hinaus aber auch eine ganze Reihe apparativer Untersuchungsmethoden zur Verfügung, die ohne größeren Eingriff die Diagnose abklären.

Mechanische und elektronische Oszillographie

Da ist zunächst ein ganz einfaches Gerät, der Oszillograph. Der Arzt legt, wie beim Blutdruckmessen, Manschetten um Oberarm, Unterarm, Handgelenk oder Oberschenkel, Waden, Fußrücken, und zwar immer an beiden Armen oder beiden Beinen gleichzeitig. Er beginnt mit einem hohen Druck der Manschetten und senkt diesen stufenweise. Das Gerät zeichnet in Kurven-

bildern auf, wie groß und wie kräftig die Pulswelle in den Arterien des gemessenen Gebietes bei den verschiedenen Druckverhältnissen ist. Aus dem Verlauf der Kurven, der Höhe ihrer Zacken und ihrer Form kann der Arzt ablesen, ob die Durchblutung gut oder gestört ist.
300mal empfindsamer als der mechanische Oszillograph ist der elektronische. Mit seiner Hilfe lassen sich noch in feinsten Arterien in Fingern und Zehen Durchblutungsstörungen nachweisen. Bei diesem Gerät werden die gewonnenen Kurvenwerte elektronisch verstärkt und ebenfalls auf Papierstreifen aufgezeichnet.

Lichtmessungen und Rheographie

Das Anlegen der Manschette verschreckt manche Patienten, so daß sie während der Messungen sehr nervös oder gar verkrampft sind. Das kann die Werte verfälschen.
Ohne Manschetten und somit ohne Druck auf die Arterien kommen Lichtmessungen und Rheographie aus.
Bei der Lichtmessung (lichtelektrische Volumenplethysmographie) kann der Arzt aus der Menge der »verschluckten« Lichtstrahlen auf die vorhandene Blutfülle rückschließen.
Die Rheographie zeigt – ebenfalls ohne Manschette – aufgrund des winzigen elektrischen Stromflusses in dem gemessenen Gebiet, ob die Arterien noch durchlässig oder bereits mehr oder weniger verschlossen sind.
Auch Lichtmessungen und Rheographie liefern dem Arzt Kurvenbilder, die er dank seiner Erfahrung zu deuten versteht.

Ultraschall

Erst in den letzten Jahren hat als neue Methode zur Auffindung arteriosklerotischer Ablagerungen in den Blutgefäßen der Ultraschall Eingang gefunden. Mit seiner Hilfe lassen sich – ohne jede Gefährdung oder Belästigung des Patienten (Ultraschallwellen sind völlig harmlos) – Gefäßverengungen und zugleich die Fließgeschwindigkeit des Blutes feststellen. Obwohl diese Methode noch jung ist, gibt es bereits verschiedene Möglichkeiten der Anwendung.
In einem Fall »hört« man den Blutfluß als Piepston. Je höher er ist, um so rascher fließt das Blut in dem belauschten Bereich.
Ein anderer Weg ist noch eindrucksvoller: Die Ultraschallwellen, die vom Körper zurückgeworfen werden, zeichnen ein Bild, auf dem gesunde Arterien schwarz erscheinen (weil sie die Wellen verschlucken), Ablagerungen dagegen weiß.
Der Ultraschall macht es möglich, auch tieferliegende Arterien sichtbar zu machen. Ein weiterer Vorteil: Gerade weil Ultraschallmessungen absolut risikofrei sind, können sie beliebig oft angewendet werden. Die Ultraschallaufnahmen, aus verschiedenen Blickrichtungen und zu verschiedenen Zeiten aufgenommen, geben ein sehr umfassendes Bild vom Zustand der Blutgefäße.

Untersuchungen des Augenhintergrundes

Mancher Patient ist zuerst vom Augenarzt auf seine Arteriosklerose hingewiesen worden. Nirgendwo im Körper liegen nämlich die Arterien so gut sichtbar an der Oberfläche wie im Augenhintergrund. Mit Hilfe des Augenspiegels kann der Arzt erkennen, ob sich die Arterien der Netzhaut (Retina) sklerotisch verändert haben. Diese Untersuchung ist ebenfalls harmlos, kann aber wertvolle Hinweise auf den Zustand der Blutgefäße im Kopfbereich geben.

Thermographie

Schlecht durchblutete Glieder oder Gebiete des Körpers sind deutlich kälter als andere. Viele Ärzte können solche Temperaturunterschiede mit der bloßen Hand feststellen. Die zeitraubende Methode, eine Hand oder einen Fuß in kaltes Wasser zu stecken und abzuwarten, wie lange Finger oder Zehen brauchen, bis sie sich wieder erwärmt haben, ist heute weitgehend durch die Infrarot-Thermographie ersetzt. Während ein Grad Unterschied zwischen einzelnen Fingern bereits Aussagen über ihre Blutversorgung erlauben, malt die Thermographie ein Bild aus rund 500 Farbtönen, die Wärmeunterschiede von nur einem Zehntel Grad widerspiegeln. Bei dieser Methode werden keine Strahlen in den Körper geschickt, sondern die Wärme, die von ihm ausgeht, aufgefangen und auf einer Fotoplatte sichtbar gemacht.

Das Röntgenbild (Arteriographie)

Als einzige Methode gewährt die Arteriographie einen vollständigen und umfassenden Einblick in die krankhaften Veränderungen der Arterien. Mit einem Röntgen-Kontrastmittel werden dabei nicht nur die Schlagadern

und kleinere Arterien, sondern sogar Arteriolen sichtbar gemacht. Das Kontrastmittel fließt mit dem Blut und verschluckt Strahlen, so daß auf einer Fotoplatte ein genaues Bild des Adernsystems gezeichnet wird, wobei man millimetergenau sehen kann, wo sich ein Verschluß befindet und inwieweit vom Körper geschaffene »Umleitungen« die Blutversorgung aufrechterhalten.
Mit der Arteriographie kann heute praktisch jede Arterie dargestellt werden – auch Gehirnarterien.

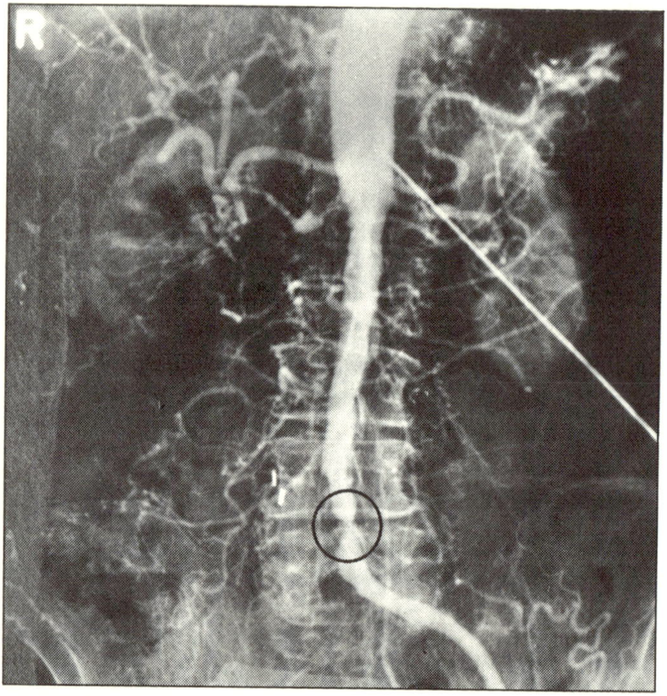

Abb. 22: Arterien-Verschluß im Beckenraum. Oben rechts und links die Nieren.

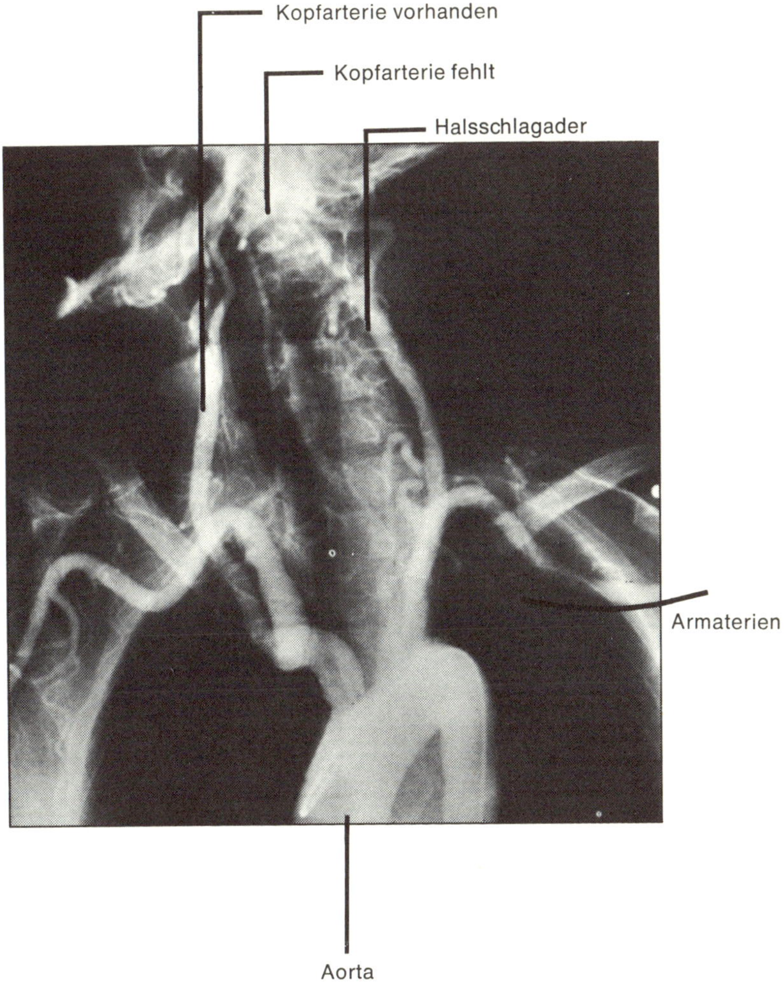

Abb. 23: Arteriographie im Halsbereich: Unten: Aortabogen. Davon ausgehend die Armarterien und die Kopfarterien. Die Aufnahme zeigt, daß eine Kopfarterie verschlossen ist.

Da diese Untersuchungen aber eine starke Belastung des Patienten darstellen können (in manchen Fällen wird die Arteriographie deshalb in Narkose vorgenommen), findet sie in der Regel nur dann Anwendung, wenn ein vermuteter Gefäßverschluß auf anderen Weise nicht geklärt werden kann oder wenn der Arzt vor einem chirurgischen Eingriff sich ein ganz exaktes Bild von Ort und Art des Verschlusses machen muß.

6. Kapitel
So kann man der Arteriosklerose vorbeugen

Auf die Frage: Gibt es eine Möglichkeit, die Entwicklung einer Arteriosklerose mit Sicherheit zu verhüten? antworten noch immer manche medizinischen Handbücher mit einem bedauernden Nein. In derselben Weise nehmen viele Ärzte die Krankheit als unvermeidbares Übel hin, das mit dem Alter eben auftritt. Man spricht von »erblicher Belastung« und davon, daß der Betroffene sich eben damit abfinden muß. Man sagt ihm, daß Arteriosklerose bestenfalls hinausgezögert, niemals aber rückgängig gemacht werden kann und hat nicht selten lediglich den einen deprimierenden Rat: »Treten Sie langsamer. Sie sind nicht mehr 25. Das Alter fordert seinen Tribut.«

Diese Einstellung zur Arteriosklerose steht in direktem Widerspruch zur Erkenntnis der Risikofaktoren und zum Wissen, daß schon allein ihre Ausschaltung die schlimmen Folgen der Arteriosklerose schlagartig abwendet.

Man kann vielleicht nicht verhindern, daß die Blutgefäße naturgemäß altern und verschleißen. Es läßt sich jedoch mit Sicherheit erreichen, daß dieser Alterungsprozeß nicht vorschnell abläuft und sich nicht krankhaft äußert.

Zu dieser Vorbeugung gehört in erster Linie die Ausschaltung der Risikofaktoren.

Die eigene Blutdruckmessung

An erster Stelle sollte eine regelmäßige Blutdruckkontrolle stehen. Es war bereits die Rede davon, daß dazu nicht unbedingt ein Arzt nötig ist. Jede Familie sollte ein eigenes Blutdruck-Meßgerät besitzen. Das kostet rund 100 Mark. Der Arzt zeigt gerne, wie man es richtig anwendet: Man legt die Manschette um den Oberarm und bläst sie auf, bis der Puls in der Ellenbeuge nicht mehr feststellbar ist. Danach läßt man den Manschettendruck absinken, bis der Puls wieder auftaucht. Damit hat man den systolischen Druck ermittelt.
Es wird nun nach und nach weiter Luft abgelassen, bis der Pulsschlag wieder verschwindet. In diesem Augenblick hat man auch den diastolischen Druck gefunden. Einmal im Monat, stets zur selben Zeit, etwa morgens nach dem Aufstehen, sollte jeder Erwachsene seine Blutdruckwerte ermitteln und aufnotieren. Bringt er die Aufzeichnungen bei der nächsten Routineuntersuchung seinem Arzt mit, dann bekommt dieser wertvolle Informationen, die er sich nur sehr viel zufälliger und oberflächlicher selbst beschaffen könnte. Er kann eingreifen, sobald der Blutdruck gesunde Normen überschreitet. Wichtig bei den Blutdruckmessungen ist, daß man beide Arme mißt und die Werte vergleicht. Wer ein Übriges tun will, kann auch von Zeit zu Zeit beide Oberschenkel messen. Dies wird wichtig, wenn Beschwerden in den Beinen oder Füßen auftreten.

Harmonie und Verzicht auf Kochsalz

In 95 Prozent aller Fälle ist Blutdruck (Hypertonie) eine selbständige Krankheit, bei der Lebensgewohnheiten

und psychische Faktoren eine wesentliche Rolle spielen. Besonders bei jungen Menschen verursacht oft eine nervöse Anspannung eine krampfhafte Engstellung der Gefäße.
Der Blutdruck läßt sich günstig beeinflussen, indem man zwar Hektik und Anstrengungen nicht unbedingt meidet, stets aber für die nötige Erholung und Entspannung, vor allem für einen gesunden Schlaf sorgt.
Daneben ist aber auch eine vernünftige Ernährung wichtig. Übergewicht mag an sich kein Risikofaktor für Arteriosklerose sein – zu üppiges Essen, die Überlastung des Organismus mit Nahrung, die er nicht verbrauchen kann, ist es sicherlich. Nicht jeder, der zuviel und zu gut ißt, wird automatisch übergewichtig. Das muß man unbedingt auseinanderhalten.
Bei kochsalzfreier (oder zumindest kochsalzarmer) Kost kann die Blutmenge um ein Fünftel abnehmen. Das kann bedeuten, daß ein ganzer Liter Blut weniger in den Adern fließt. Natürlich ist damit der Blutdruck automatisch niedriger.
Man sollte deshalb, besonders dann, wenn man zu hohem Blutdruck neigt, den täglichen Salzverbrauch auf 5 Gramm einschränken und stark gewürzte Speisen bewußt meiden. Die kochsalzarme Kost als Vorbeugung gegen Bluthochdruck wird um so wirkungsvoller, je mehr auch die Flüssigkeitsmenge eingeschränkt wird.

Lärmausschaltung

Wer ständig großem Lärm ausgesetzt ist, der leidet in der Regel auch unter zu hohem Blutdruck, Lärmstreß schädigt die Herzkranzgefäße. Deshalb muß Lärm wenigstens dort aus dem Weg gegangen werden, wo er vermeidbar ist: überlaute Musik in Diskotheken, aber auch durch die Stereoanlage und Kopfhörer zu Hause, Motorenlärm, Hobbymaschinen. Dazu gehört sicherlich in extremen Fällen auch das zu laut eingestellte Fernsehgerät, falls man stundenlang regungslos und womöglich durch Krimi aufgeregt vor dem Bildschirm sitzt.

Die Rolle der Fette

Neben dem normalen Blutdruck ist zur Verhinderung einer Arteriosklerose ein vernünftiger Cholesterinspiegel wichtig, wenngleich die neueste Forschung hinter den Begriff Blutfettwerte ein dickes Fragezeichen setzt. Sicherlich wird der Butterkonsum in Zukunft nicht mehr in dem Maße verteufelt, wie das in den letzten Jahrzehnten der Fall war. Seitdem erkannt wurde, daß der Genuß von cholesterinhaltigen Nahrungsmitteln (Butter, Eier) nicht unbedingt eine Erhöhung des Blutcholesterins zur Folge haben muß, seitdem die Framingham-Studie (USA) und andere wissenschaftlichen Untersuchungen eindeutig nachgewiesen haben, daß der Verzehr von Fetten die Arteriosklerose nicht notwendigerweise begünstigt, seither »darf« man wieder Butter streichen.
Geblieben sind trotzdem zwei Tatsachen:

- Pflanzliche Fette und Öle mit sogenannten »mehrfach ungesättigten Fettsäuren« sind gesünder als tierische Fette. Sie können sogar dazu beitragen, daß sich der Blutfettspiegel senkt.
- Zuviel Fett in der Nahrung belastet den gesamten Organismus, speziell Herz, Kreislauf und Stoffwechsel.

Somit fördert ein regelmäßiger Überschuß an Fett im Essen die Arteriosklerose.

Deshalb sollte man sich zur Regel machen, täglich nicht mehr als 70 Gramm Fett (zur Hälfte tierischen, zur anderen Hälfte pflanzlichen Ursprungs) zu essen. Da der Mensch in hochindustrialisierten Ländern durchschnittlich die doppelte Menge zu sich nimmt, ist das Rezept relativ einfach. Es heißt: Halbierung des Fettkonsums.
Dabei sollte man zweckmäßigerweise weniger auf Butter und Speiseöl verzichten, sondern sein Augenmerk vielmehr auf die vielen »versteckten« Fette richten. Sie verbergen sich in Wurst, Fleisch, Soßen, Käse, Schokolade, ja selbst im Joghurt. Wer überfette Mettwurst oder Leberwurst durch ein kerniges, mageres Stück rohen Schinken, ein Kassler Rippchen oder Bündner Fleisch ersetzt, hat schon viel für seine Gesundheit getan. Wer nicht regelmäßig im Fett wütet, der darf schon nach Lust und Laune gelegentlich einmal auch kräftiger hinlangen – vor allem dann, wenn er schwer arbeitet oder sonst eine große körperliche Leistung vollbringt.
Am erfolgreichsten sind Bemühungen zur Senkung des Blutfettspiegels übrigens dann, wenn der Betroffene nicht gezwungen wird, allein auf sich gestellt seinen Fettkonsum zu drosseln, sondern wenn die ganze Familie bereit ist, sozusagen eine gesunde »Familiendiät« durchzuhalten, wenn also alle am Tisch gemeinsam auf regelmäßig zu fette Gerichte verzichten.
Wer in der Kantine ißt, sollte grundsätzlich alle Soßen zurückweisen und zu fette Fleischspeisen stehenlassen.

Zucker und Übergewicht

Da der Risikofaktor Zuckerkrankheit (Diabetes mellitus) in leichten Fällen nicht erkannt wird und selbst typische Anzeichen wie starker Durst, Energielosigkeit, Gewichtsverlust und Potenzstörungen oft kaum beachtet werden, muß jeder Erwachsene ab 30 wenigstens einmal im Jahr einen Diabetestest machen. Man holt sich für wenige Pfennige in der Apotheke den Teststreifen und sieht nach, ob er sich im Urin verfärbt. Ist dies der Fall, dann muß eine ärztliche Untersuchung klären, ob tatsächlich ein Diabetes vorliegt. Der Arzt macht den Glukose-Toleranz-Test: Der Patient bekommt eine genau festgesetzte Menge Zucker. Anschließend werden während mehrerer Stunden Blutproben und Harnproben gesammelt und darin der Zucker bestimmt. Die Diagnose »zuckerkrank« bedeutet keineswegs, daß man nun ein Leben lang das fehlende Insulin spritzen muß. In vielen Fällen – vor allem dann, wenn der Insulinmangel rechtzeitig erkannt wird – kann alleine schon mit einer bestimmten Diät erreicht werden, daß die Bauchspeicheldrüse sich erholt und wieder genügend Insulin zu produzieren vermag.
Zu dieser Diät gehört vor allem die Verminderung des Übergewichts. Zwei von drei Menschen über 45 sind übergewichtig. Jeder zu Dicke aber ist mit nahezu absoluter Sicherheit nach 20 Jahren Diabetiker geworden. Und: Jeder zweite Diabetiker über 60 Jahren leidet an gefährlicher Arteriosklerose.
Zur Reduzierung des Gewichts gehört außerdem der strenge Verzicht auf Zucker, scharfen Alkohol und süßes Backwerk. (Ein gelegentliches Gläschen Wein schadet in diesem Stadium nicht.) Brot, Teigwaren, Bohnen, Erbsen, Honig und selbst Milch werden stark

eingeschränkt. Statt dessen ißt man viel frisches Gemüse, vor allem grüne Bohnen, Obst, Nüsse, mageres Kalb- und Rindfleisch.
Heilkräuter-Teemischungen, bestehend etwa aus Bohnenschalen, Heidelbeerblätter, Geißraute, Stiefmütterchen und Seneciokraut (zu gleichen Teilen) können ebenfalls zur Anregung der Insulinproduktion von Nutzen sein.
In dreiviertel aller Fälle eines Altersdiabetes – der sich also erst ab dem 40. Lebensjahr bemerkbar macht – läßt sich die Krankheit allein mit einer vernünftigen Ernährung behandeln. Oft erholt sich die Bauchspeicheldrüse sogar soweit, daß nach einiger Zeit sogar auf eine spezielle Diät verzichtet werden kann. In schwereren Fällen gelingt es auch noch, mit antidiabetischen Medikamenten auszukommen, die eingenommen werden können.
Ist der Diabetes aber von Kind an gegeben oder tritt er durch eine vollständige Zerstörung der Bauchspeicheldrüse ein, so daß die tägliche Insulinspritze notwendig wird, dann braucht der Patient auch kein erhöhtes Arterioskleroserisiko zu befürchten, solange er gewissenhaft darauf achtet, daß er »gut eingestellt« ist. Die Insulindosis muß genau stimmen. Das ist nur gewährleistet, wenn der Diabetiker regelmäßig den Blutzucker bestimmen läßt, exakt auf sein Befinden achtet und sich niemals zu leichtsinnigen »Sünden« verleiten läßt.

Raucherentwöhnung

Sind alle bisher genannten Vorbeugungsmaßnahmen verhältnismäßig einfach und ohne untragbare Zumutungen vorzunehmen und durchzuhalten, so wird es bei der Raucherentwöhnung problematisch. In den meisten Fällen fehlt es nicht an der nötigen Einsicht, sondern der Raucher ist einfach nicht willensstark genug, auf seine Zigarette zu verzichten. Zu vielschichtig ist das Bedürfnis nach der »Beschäftigung« mit dem blauen Dunst, nach dem »Schnuller-Effekt« der Zigarette zwischen den Lippen, nach der anregenden Wirkung des Nikotins. Zu stark ist der Raucher seiner »Sucht« bereits verfallen. So sind die Rückfallquoten selbst nach Raucherentwöhnungskuren so hoch wie bei keiner anderen Entziehung. Dreiviertel aller Entwöhnten sind spätestens nach fünf Jahren wieder Raucher. Selbst Herzinfarktpatienten greifen häufig, kaum dem Tod entronnen, erneut zur Zigarette, obwohl sie sehr genau um die Gefahr wissen, die damit verbunden ist. Und mancher, der eben sein »Raucherbein« amputiert bekam, raucht weiter wie ein Schlot. Trotzdem darf keine Anstrengung unterbleiben, von der Zigarette loszukommen – zumal dann, wenn zum Rauchen noch ein zweites oder drittes Arterioskleroserisiko hinzukommt. Schließlich lohnt es sich, etwas gegen das Rauchen zu unternehmen: Ein Exraucher verkleinert sein Risiko mit jedem Tag, an dem es ihm gelingt, auf die Zigarette zu verzichten.

Und nach wenigen Jahren ist er nicht mehr stärker gefährdet als einer, der niemals in seinem Leben eine Zigarette in die Hand genommen hat.

Im Augenblick scheinen zwei Methoden der Entwöhnung am erfolgversprechendsten zu sein: Die »Schikanen-Methode«, erarbeitet vom Max-Planck-Institut in München, und die Entwöhnungshypnose.

Bei der ersten Kur muß man sich systematisch den Spaß am Rauchen verderben: Man räumt die Zigaretten stets

weg, hat immer nur wenige zu Hand, raucht jede nur bis zur Hälfte, leert jedesmal sofort den Aschenbecher und öffnet das Fenster, steckt keine Streichhölzer ein, so daß man andere um Feuer bitten muß. Und so weiter. Auf diese Weise gelingt es oft, den Konsum nach und nach wenigstens auf ein vernünftiges Maß einzuschränken. Da es allerdings keine Grenze gibt, von der man sagen könnte: von hier an beginnt rauchen gefährlich zu werden, ist in jedem Fall ein völliger Stopp anzustreben.
Der zweite Weg zum Exraucher: Der Therapeut versetzt den »Süchtigen« in Hypnose und versucht dem Unbewußten in ihm einzureden, daß die Zigarette nun nicht mehr gebraucht wird. Dies gelingt meistens nicht auf Anhieb, so daß mehrere Hypnosesitzungen nötig sind, was die Entwöhnung nicht gerade billig macht.
Die eigentliche Gefahr der Zigarette scheint von der Inhalation auszugehen. Deshalb versuchen Ärzte, falls der Patient nicht vom Rauchen abzubringen ist, ihn wenigstens von den Lungenzügen wegzubringen. Er soll von den Zigaretten auf Zigarren oder Pfeife umsteigen. Gelingt dieser Schritt, ist schon einiges erreicht: Das Arterioskleroserisiko vermindert sich.

Kreislauftraining und Abhärtung

Die Angst vieler Menschen, sie könnten ihrem Körper durch Bewegung zu viel zumuten, ist fast immer unbegründet. Belastungen kann er in unvorstellbarer Anpassungsfähigkeit ausgleichen. Solange man nicht grundsätzlich und durchgehend etwas falsch macht und Proteste des Organismus (Schmerzen, Unwohlsein) mißachtet, weiß er sich immer wieder zu helfen.

Mit einer Einschränkung: Die moderne Lebensweise mit Klimaanlagen, zu wenig körperlicher Betätigung und zu warmer Kleidung hat uns weitgehend verweichlicht. Dem Körper fehlt der regelmäßige Umgang mit Hitze, Kälte, Nässe, Wind. Deshalb zeigt er sich im Notfall untrainiert. Nervensystem und Blutgefäße sind nicht mehr in der Lage, schnell genug auf Wetterveränderungen, Klimawechsel, Temperaturschwankungen zu reagieren.

Die Folgen sind eine allgemeine Anfälligkeit für Infektionskrankheiten. Die unzähligen, oftmals schon regelmäßigen Erkältungen in jedem Frühjahr und Herbst, der kaum mehr beachtete Husten, Schnupfen, das Kratzen im Hals: Jede Infektion hinterläßt im Organismus seine »Narben« und bedeutet für den Kreislauf zermürbender Streß.

Wer sich vor Arteriosklerose schützen will, der muß deshalb seinen Körper abhärten und somit seinen Kreislauf trainieren. Mit diesem »Anpassungstraining« kann nicht früh genug begonnen werden, und es ist praktisch niemals zu spät dafür.

Man braucht auch nicht auf den Sommer zu warten, um Sonne, warme Luft und kaltes Wasser nützen zu können: Abhärtung ist zu jeder Jahreszeit möglich und sollte regelmäßig das ganze Jahr über fest in den Tagesplan eingearbeitet sein. Wenn es draußen keine Sonne und keine Wärme gibt, dann nützt man eben Wind und Kälte als »Trainingspartner« und gleicht zu Hause mit Wärme (heißen Bädern, Duschen)aus. Wichtig ist, daß der Körper seine ursprüngliche Fähigkeit, sich immer und überall anpassen zu können, nicht verliert, sondern sogar noch steigert. Dabei muß man sich keinen Kraftanstrengungen oder quälenden Kasteiungen unterwerfen. Im Gegenteil: Übertreibungen sind stets schäd-

lich. Jedes körperliche Training ist immer nur solange gut, als es Spaß bereitet.
So empfiehlt sich als wohltuendes Kreislauftraining etwa das Barfußgehen (nicht auf kaltem Steinboden, sondern möglichst in der Natur). So bieten Wanderungen, Luft und Sonnenbäder, Wechselbäder, Massagen, Atemübungen vor offenem Fenster, Schwimmen und Sauna eine abwechslungsreiche Palette erfreulicher Möglichkeiten, unter denen jeder für sich die passenden finden kann.

Kneipp-Kuren

Ein bewährtes, fein abgestuftes Kreislauf-Spezialtraining für jede Altersstufe und jeden Gesundheitszustand ist die Kneipp-Kur. Pfarrer Sebastian Kneipp aus Bad Wörishofen (1821-1897) hat dem Naturheilmittel Wasser zum großen Siegeslauf durch die ganze Welt verholfen. Auf Grund reicher Erfahrungen stellte er einen ganzen Katalog von Anwendungsmöglichkeiten des Wassers zusammen. In vielen Kurorten der Bundesrepublik, Österreichs und der Schweiz kann man heute Orginal-Kneipp-Kuren unter ärztlicher Kontrolle durchführen. Dabei wird die Wasseranwendung je nach Gesundheitszustand genau dosiert. Das reicht vom Wassertreten während zwei Minuten oder Barfußgehen durch taufeuchtes Gras für zehn Minuten bis hin zu Ganzabspritzungen mit einem Blitzguß, einem kräftigen Strahl aus dickem Rohr.
Die Regeln, die Pfarrer Kneipp für die Wasseranwendungen aufgestellt hat, sind auch heute noch weithin gültig und sollten unbedingt auch zu Hause bei jeder Form der Selbstbehandlung beachtet werden:

Behandle niemals einen frierenden oder fröstelnden Körper mit kaltem Wasser, sondern sorge dafür, daß er vor und nach der Wasseranwendung wohltuend erwärmt ist, sich also behaglich fühlt.

- Dusche, Bäder, Wasserwickel jeder Art meidet man grundsätzlich, solange der Bauch voll ist. Man badet vor und nicht nach dem Essen.
- Kaltes Wasser sollte niemals zu lange auf den Körper einwirken, sondern höchstens eine bis zwei Minuten. Der Trainingseffekt entsteht nicht durch die intensive Abkühlung, sondern durch die rasche Reaktion des Körpers auf das kalte Wasser.
- Wer kaltes Wasser nicht gewöhnt ist, beginnt mit lauwarmem Wasser und läßt dieses nach und nach etwas kälter werden.
- Nicht nur kaltes Wasser, auch Wechselwirkungen von kaltem und warmem Wasser trainieren (besonders gesund bei Fußbädern). Dabei beginnt man grundsätzlich mit warmem Wasser (2 Minuten) und benutzt dann erst das kalte (eine halbe Minute lang).
- Bei kalten Ganzduschen beginnt man stets mit dem Körperteil, der am weitesten vom Herzen entfernt ist und nähert sich ihm schrittweise (rechter Fuß, rechter Arm, linker Fuß, linker Arm, Brust, Rücken).
- Heiße Wannenbäder belasten durch Hitzestau das Herz. Sie dürfen von Herzkranken und Arteriosklerotikern ohne Erlaubnis des Arztes nicht angewendet werden. Die Temperatur sollte 40 Grad nicht übersteigen, das Bad nicht länger als 15 Minuten dauern. Hinterher empfiehlt sich Bettruhe für wenigstens eine halbe Stunde.

Die Sauna

Im Gegensatz zu Wannenbädern führt die Hitze in der Sauna, obwohl sie bis 85 Grad, also mehr als doppelt so hoch ist, nicht zu Hitzestaus. Deshalb ist die Sauna zum Training der Blutgefäße und des Kreislaufs besonders geeignet. Im Bestreben, die Temperatur im Körper nicht über gefährliche Werte steigen zu lassen, schwitzt der Körper besonders viel Flüssigkeit aus. Dabei werden gleichzeitig Schlacken und Giftstoffe ausgeschwemmt, so daß ein Dampfbad dieser Art als wirkungsvolle Reinigungskur angesehen werden kann. Viele Ärzte schwören darauf, daß ein wöchentlicher Saunabesuch – richtig vorgenommen – vor Erkältungskrankheiten schützt, und zwar einmal dieses Reinigungsprozesses wegen, zum anderen aber hauptsächlich, weil speziell die feinen Blutgefäße trainiert werden und die Haut eine besonders intensive Durchblutung erfährt.
Wichtig für die richtige Benutzung der Sauna ist die Abkühlung nach dem Hitzebad. Spätestens nach 20 Minuten (Ungeübte sollten höchstens zehn Minuten lang in der Hitze verharren), muß der Körper abgekühlt und müssen die ausgeschwitzten Salze und Schlacken abgewaschen werden. Dann wiederholt man Schwitzen und Abkühlen möglichst noch einmal. Anschließend an das Bad ist Ruhe empfehlenswert (wenigstens eine halbe Stunde im angenehm warmen Raum).
Man muß auch daran denken, daß in der Sauna mit Verscmutzungen auch wertvolle Salze und Spurenelemente verlorengehen, die man möglichst rasch ersetzen muß. Es ist deshalb günstig, wenn man eine leichte aber gut gewürzte Mahlzeit, eventuell auch ein Multivitaminpräparat zu sich nimmt.

Wer bereits an fortgeschrittener Arteriosklerose leidet, darf die Sauna nicht mehr besuchen, ohne vorher seinen Arzt befragt zu haben.

Knoblauch und Hefe

Man braucht wohl nicht alles zu glauben, was über angeblich steinalte Menschen in abgelegenen Dörfern des Kaukasus und des Balkans berichtet wird. Mit Sicherheit enthalten solche »medizinischen Sensationen« große Übertreibungen. Doch selbst dann, wenn man zwanzig oder dreißig der dazugeschwindelten Jahre abzieht, bleibt ein erstaunliches Bild sehr robuster, rüstiger alter Menschen übrig.
Bei allen Versuchen, hinter das Geheimnis der Vitalität dieser Alten zu kommen, ist bisher nicht viel Brauchbares herausgekommen. Zumindest konnte keine besonders gesunde Ernährung oder eine schonende Lebensweise gefunden werden, der sie ihr hohes Alter zu verdanken hätten. Es gibt kein allgemeingültiges, einfaches Rezept für die ewige Jugend. Der eine schwört auf Honig, der andere auf Buttermilch, der dritte auf Schweinebauch.
Sicher ist lediglich: Keiner der Uralten raucht Zigaretten, keiner war Leistungssportler und keiner ist Vegetarier. Keiner von ihnen besitzt allerdings eine schwere Arteriosklerose. Mit einiger Wahrscheinlichkeit kann man sagen, daß sie ihre Gesundheit bis ins hohe Alter einem relativ sparsamen aber abwechslungsreichen Essen verdanken, daß sie sich für ihre Mahlzeiten immer viel Zeit nehmen und sehr langsam aßen und daß sie geistig und körperlich sehr regsam sind.
Dazu gehören aber zusätzlich zwei Nahrungszusätze,

die einen gewissen Schutz vor der Arteriosklerose bieten: Knoblauch und Hefe.
Seit vielen Jahrhunderten gilt der Knoblauch – besonders im Balkan, in Vorderasien und im Orient – als lebensverlängernde Speise. Knoblauch reinigt Darm und Blutgefäße, senkt den Blutdruck und die Blutfettwerte und ist somit unbestritten ein ideales Vorbeugungsmittel gegen Arteriosklerose.
Man muß die Knoblauchzehen nicht unbedingt stets in der Tasche mit sich tragen und sie roh kauen, wie das einige Volksstämme tun. Es ist auch nicht mehr nötig, daß man seine Mitmenschen mit der unguten »Knoblauchfahne« abschreckt. (In früheren Zeiten kauten die Menschen nach einer Knoblauchmahlzeit Petersilie und tranken einen Schluck Essig.)
Heute gibt es Knoblauchkapseln mit konzentriertem Extrakt, die keinerlei Knoblauchgeruch verursachen. Auch der Knoblauchsaft ist fast frei davon.
Die Hefe, die in früheren Zeiten in jedem Haushalt zum Backen vorrätig war, immer aber auch, besonders bei jeder Form von Unwohlsein, so gegessen wurde, nimmt in der Vorbeugung gegen Arteriosklerose eine Sonderstellung ein.
Hefe enthält den gesamten Vitamin-B-Komplex und besteht fast zur Hälfte aus hochwertigem Eiweis mit lebenswichtigen Aminosäuren, Verdauungsfermenten, Lecithin, Mineralstoffen – nicht zuletzt dem Spurenelement Selen. Der Körper benötigt nur winzige Mengen davon. In einer halbwegs gesunden Ernährung ist genug davon vorhanden. Nun scheint aber die immer weiter um sich greifende Veränderung und Bearbeitung der Lebensmittel mehr und mehr zu einem Selendefizit zu führen. Und dieser Mangel, so fanden amerikanische Wissenschaftler, führt zu schwersten Schädigungen von Leber,

Herz und Kreislauf. Es tritt ein, was bereits dargestellt wurde: Der Transport der Blutfette gerät durcheinander. Die Fette lagern sich in den Blutgefäßen ab und der Mesenchymstoffwechsel wird fehlgesteuert. Die Arterien wachsen zu und werden starr. Der deutsche Arzt Dr. Bosse konnte bei der Anwendung von Hefe bei Herzmuskelschäden zeigen, daß die gefäßverengenden Ablagerungen innerhalb eines halben Jahres nicht nur eingedämmt sondern tatsächlich sogar merklich abgebaut wurden.
Auch die müde gewordene Bauchspeicheldrüse scheint sich während einer Hefekur erstaunlich schnell zu erholen, so daß mit dem Hefepilz zwei Fliegen auf einen Streich geschlagen werden können.

Ginseng und Baldrian

Als der große Geheimtip für potenzschwache Männer ist die Zauberwurzel aus Korea nach dem Zweiten Weltkrieg bei uns bekanntgeworden. Zu Recht. Ihre Wirkstoffe fördern die Durchblutung des Unterleibs. Allerdings nicht nur ihn. Die Asiaten benutzen Ginsengwurzeln, die sieben Jahre lang wachsen müssen und in dieser Zeit immer wieder verpflanzt werden, weil sie den Boden in weitem Umkreis förmlich auslaugen, seit Jahrtausenden als Allheilmittel, vornehmlich als Schutz vor Alterserscheinungen. In den letzten Jahren der Wiederentdeckung der Naturheilmittel ist keine Heilpflanze so gründlich wissenschaftlich untersucht, analysiert und getestet worden wie Ginseng – mit dem Ergebnis, daß die Wurzel speziell der Arteriosklerose vorbeugt.
Alternsforscher I. M. Popov vom Revitalisierungszentrum Nassau auf den Bahamas wies schon 1975 in einem

klinischen Test mit 106 Patienten nach, daß sich der Cholesterinspiegel mit Ginsengpräparaten durchschnittlich bis zu 20 Prozent senken läßt. Dr. R. Hahn von der Ching-An-Universität in Seoul, Korea, konnte später zeigen, daß die Wirkstoffe von Ginseng eine deutliche Leberschutzfunktion ausüben.

Schließlich fand der Münchner Wissenschaftler Professor Dr. G. Schimert bei der Anwendung von Ginseng bei 60 Patienten, daß sich »eine nachhaltige Senkung der Serumlipoide« und somit eine »prophylaktische Wirkung auf die Arteriosklerose« erreichen läßt.

Die Wurzel vermag den Blutdruck zu normalisieren und zu hohe Blutfettwerte zu senken. Sie fördert die Merkfähigkeit und Konzentration und steigert die Leistungsfähigkeit – eben, weil das Blut wieder besser in bisher unterversorgte Gebiete gelangen kann. Und sie tut das alles ohne jeden aufputschenden Effekt. So konnten schwedische Studenten, die in Tests gestellten Aufgaben nach der Einnahme von Ginseng schneller und mit weniger Fehlern lösen als ohne das Naturheilmittel. Und ältere, teilweise kranke Menschen erinnerten sich plötzlich wieder an Dinge, die sie längst vergessen glaubten. Sie waren wieder viel vitaler und optimistischer.

Wichtig bei Ginseng ist, daß man wirklich unverfälschte Ginsengextrakte bekommt, die aus siebenjährigen Wurzeln stammen. Seit einiger Zeit gibt es genormte Präparate in Kapselform und flüssig, die in dieser Hinsicht eine gewisse Gewähr bieten.

Baldrian ist ebenfalls eine altbekannte Heilpflanze, die in unseren Tagen wiederentdeckt und dabei gründlich von Wissenschaftlern unter die Lupe genommen wurde. Dabei zeigte sich, daß sie im Gegensatz zu chemischen Beruhigungsmitteln (Psychopharmaka) nicht auf das Nervensystem einwirkt, um es gewissermaßen lahmzu-

legen, sondern so etwas wie eine Streßschutzbrille darstellt. Baldrian sorgt dafür, daß die Nerven nicht mehr hektisch auf störende Einflüsse von außen reagieren. Der Körper mobilisiert also nicht mehr bei jeder kleinen Belästigung oder Anspannung alle verfügbaren Kräfte (mit Anregung der Drüsen und Ausschüttung von Hormonen), sondern er bleibt gelassen und ruhig. Die Störung hat ihre Spitze verloren.
Insofern ist auch Baldrian – das heute in wirksamen Präparaten angeboten wird – eine vortreffliche Arteriosklerosebremse.

Procain, Cholin und Frischzellen

Die rumänische Altersforscherin Professor Ana Aslan hat das Procain als Altersbremse und »Verjüngungskur« entdeckt. Seit Jahrzehnten wird es als H3 in verschiedensten Kombinationen mit Vitaminen und anderen Wirkstoffen zur Revitalisierungsbehandlung eingesetzt – mit recht unterschiedlichen Erfolgen. Procain, so behaupten Professor Aslan und viele andere Wissenschaftler, beeinflußt die Arteriosklerose günstig, sorgt für eine bessere Durchblutung und verbessert somit vor allem Denk-, Konzentrations- und Merkfähigkeit.
Nicht restlos geklärt ist allerdings nach wie vor die alte Streitfrage, ob der Organismus das Procain überhaupt verwerten kann – vor allem dann, wenn es nicht gespritzt, sondern in Kapselform eingenommen wird. Professor Aslan spritzt, wobei es sich um eine Dauerbehandlung handelt. Die Spritzen müssen immer wieder gegeben werden. Seit einiger Zeit empfiehlt die Wissenschaftlerin aber auch Kapseln, die ihren Namen tragen – wohl gerade deshalb, weil die sicherlich wirksameren

Injektionen nicht immer und überall vorgenommen werden können. Nicht jeder kann sich in Bukarest behandeln lassen.
Ähnlich ist es mit dem Cholin, einem körpereigenen, hormonartigen Stoff, der sich auch in Pflanzen findet, etwa in Pilzen, Weizenkeimen, Malz, Hopfen, Teeblättern und Weintrauben. Cholin erweitert die Blutgefäße und kann auf diese Weise einen zu hohen Blutdruck normalisieren. Es reguliert die Herzschlagfolge und den Puls. Außerdem wirkt es auch noch über die Senkung des Cholesterinspiegels der Arteriosklerose entgegen.
Bisher war Cholin nur sehr begrenzt einsetzbar, weil es von einem Enzym (Cholinesterase) rasch abgebaut wird.
Dieser Nachteil ist inzwischen beseitigt. Man bindet Cholin an Jod, so daß es nicht mehr vorzeitig aufgespalten wird.
Beide Wirkstoffe sind größtenteils in der Apotheke rezeptfrei erhältlich. Das ist ihr großer Vorteil. Trotzdem ist es empfehlenswert, sich vor einer regelrechten Kur mit dem Arzt abzusprechen.
Weit über eine Million Bundesbürger haben sich seit der Einführung der Frischzellen-Kur durch den Schweizer Arzt Professor Dr. Paul Niehans vor rund 40 Jahren einer Zellulartherapie unterzogen. Für viele von ihnen gehört eine Auffrischung der Regenerationskur alle zwei Jahre zur Selbstverständlichkeit. Das spricht für die Methode.

Der wissenschaftliche Beirat der Bundesärztekammer hat demgegenüber vor kurzem erklärt – und die Arzneimittelkommission der deutschen Ärzteschaft hat sich ihrer Stellungnahme angeschlossen –, die Frischzellentherapie sei nicht nur wirkungslos, sondern darüber hinaus auch noch gefährlich.

Bei der Zellulartherapie wird dem Patienten eine Lösung feinzerriebener Gewebsstücke frischgeschlachteter, noch nicht geborener Lämmer eingespritzt. Die Methode kann dann riskant werden, wenn diese Tiere nicht gesund waren und deshalb eine heimtückische Krankheit übertragen. In einem gutgeführten Sanatorium für Zellulartherapie ist jedoch die Gewähr gegeben, daß eine solche Infektion nicht passieren kann.
Speziell in Tierversuchen und bei der Anwendung der Methode an geistig behinderten Kindern hat sich objektiv bestätigt, daß die Methode tatsächlich eine Art Verjüngungseffekt erreicht. Die Vorkämpfer der Frischzellenkur gehen davon aus, daß die gespritzten gesunden Zellen des Tieres genau dorthin wandern, wo sie gebraucht werden. Man könnte demnach und das tut man – ganz gezielt – Frischzellen aus Arterien in geschädigte oder kranke Blutgefäße schicken. Die Erfolge scheinen diese Theorie zu rechtfertigen. Die besten Erfolge werden übrigens gerade bei Arteriosklerose und Leberschäden erzielt.
Statt der Frischzellen, die innerhalb von 20 Minuten nach der Schlachtung gespritzt werden müssen, werden heute mancherorts auch sogenannte Trockenzellen verwendet. Dabei handelt es sich ebenfalls um Frischzellen, die auf eine besondere Art haltbar gemacht wurden.

Die Antibaby-Pille

Die Zahlen sind erschreckend. Noch vor wenigen Jahren war der Herzinfarkt bei Frauen praktisch unbekannt. Inzwischen sterben daran in der Bundesrepublik jährlich über 40000. Häufiger als bei Männern ist bei Frauen schon der erste Infarkt tödlich.

Es gibt für diese »Infarktseuche« mehrere Gründe. Der eine ist das Rauchen. Ein anderer berufliche Überlastung. Ein dritter wohl die Pille. Sie kann vor allem dann verhängnisvoll werden, wenn eine Frau gleichzeitig stark raucht, einen erhöhten Blutdruck besitzt, zuviel ißt oder zuckerkrank ist.
Ärzte raten deshalb allen Frauen um die 40 dringend, dann mit der Pille besonders vorsichtig zu sein und sie möglichst abzusetzen, wenn andere Arteriosklerose-Risikofaktoren vorhanden sind, wenn sie häufig unter Migräne oder anderen starken Kopfschmerzen leiden oder Krampfadern haben. Sie riskieren sonst Durchblutungsstörungen oder eine Verklumpung des Blutes (Thrombosen). Die Anzeichen für eine derartige Erkrankung: Schwindelanfälle, vorübergehende Lähmungen, Bewußtlosigkeit, Sprachstörungen.
Die Hormone der Pille, das ist bekannt, verändern die Gerinnungsfähigkeit des Blutes. Sind die Arterien durch andere Faktoren verengt oder geschädigt, dann kann es zu einem vollständigen Verschluß kommen, der sich besonders häufig im Gehirn ansiedelt.

7. Kapitel
So wird Arteriosklerose wirksam behandelt

Es ist mehrfach darauf hingewiesen worden: Eine unbehandelte Arteriosklerose ist der sicherste und schnellste Weg zur vorzeitigen Invalidität, zur Vergreisung, zu Herzinfarkt, Schlaganfall, »Raucherbein«.
Die Arteriosklerose dagegen, deren Ursachen systematisch ausgeschaltet werden, hat jeden Schrecken verloren. Alle Risiken sinken schlagartig. Die Verbesserung der Durchblutung und die Rückkehr zu Wohlbefinden und Leistungsfähigkeit kann für den Raucher, der endgültig die Zigarette aus der Hand legt, und für den Hypertoniker, der seinen Blutdruck senkt, so schnell und gründlich vor sich gehen, daß Ärzte und Arterioskleroseforscher nicht selten in Verlegenheit gebracht werden: Sie wissen nicht mehr, ob die behandelte Krankheit tatsächlich eine Adernverkalkung war, oder beginnen gar neue Überlegungen und versuchen zu ergründen, ob es sich bei der Arteriosklerose nicht doch um ein ganz anderes Krankheitsbild handelt. Die rasche »Heilung« widerspricht einfach den medizinischen Erfahrungen, daß ein so stark geschädigter Teil des Körpers sich nicht so rasch regenerieren kann.
Er kann – vorausgesetzt, man gibt ihm die Chance. Und sie ist dann gegeben, wenn das, was unter dem Kapitel »So kann man der Arteriosklerose vorbeugen« erwähnt wurde, auch nur einigermaßen befolgt wird.
So gehören eine vernünftige Ernährung, der Verzicht auf Zigaretten, die regelmäßige Blutdruckkontrolle, die Behandlung der Zuckerkrankheit und die Abhärtung als

Kreislauftraining zu der ersten und wichtigsten Behandlungsform jeder Arteriosklerose.
Die Umstellung auf eine gesunde, natürliche Lebensweise reicht in jedem Fall aus, die Arteriosklerose zumindest auf dem vorgegebenen Stand zu halten, so daß sie sich nicht mehr verschlimmert. In vielen Fällen ist sogar eine deutliche Besserung zu erreichen.

Hungern als »Heilmethode«

Strittig ist die Frage, ob mit irgendeinem Mittel eine tatsächliche Rückbildung der Arteriosklerose zu erreichen ist. Dazu gibt es in jüngster Zeit einige interessante Entdeckungen: Während des Krieges in Korea beobachteten Ärzte bei gefallenen jungen Soldaten bereits fortgeschrittene Arteriosklerose. Schon 20jährige besaßen auffallend häufig sklerotisch veränderte Herzkranzgefäße. In keinem einzigen Fall dagegen konnte die Krankheit bei jenen Amerikanern gefunden werden, die im koreanischen Urwald verhungert waren. Im Gegenteil. Ihre Arterien waren ungewöhnlich »sauber«. Warum? Haben sich etwa die Ablagerungen in der Zeit des Hungers zurückgebildet?
Seit Jahrhunderten ist das immer wieder behauptet worden. Das Fasten als Gebot vieler Religionen war letztlich nicht eine Probe des Gehorsams oder eine Übung des Willens, sondern ein Rezept zur gesundheitlichen Erneuerung.
Ende des 19. Jahrhunderts haben amerikanische Ärzte den Segen des zeitweiligen Hungerns wiederentdeckt. Um die Jahrhundertwende folgten auch deutsche Ärzte ihrem Beispiel. Sie bezeichneten das Fasten als »Operation ohne Messer« und konnten, speziell bei Arteriosklerose, erstaunliche Erfolge verzeichnen.

In den dreißiger Jahren brachte Dr. Otto Buchinger System in die Fastenkuren. Er versuchte zum ersten Mal auch, die Wirkweise des Fastens wissenschaftlich zu erforschen und zu erklären.

Der Körper, so sagte er, der keine Nahrung mehr bekommt, also weder Baustoffe (Eiweiß) noch Betriebsstoffe (Fett, Kohlenhydrate), setzt eine Art Notversorgung in Kraft. Zuerst werden die noch mit Blut kreisenden und in der Leber gespeicherten Nahrungsstoffe aufgebraucht und alle Stoffwechselvorgänge auf größte Sparsamkeit gedrosselt.

Sobald diese Notvorräte aufgebraucht sind, muß der Organismus irgendwo sich selbst angreifen. Er ist in der Situation eines Menschen, dem das Heizmaterial ausgegangen ist. Zuerst verbrennt er alte Kisten und unnötiges Gerümpel. Dann Stühle und Schränke.

Ganz ähnlich macht es der Körper: Er zerstört zunächst das, was sowieso stört, im Wege herumsteht oder krank ist. Dazu gehören in erster Linie Fettablagerungen in den Adern. Und zwar nicht nur oberflächliche Auflagen, sondern auch versteckte Reserven, die im Stützgewebe, dem Mesenchym, eingelagert sind und es versteifen. Das Blut des Fastenden ist gierig, saugend, säubernd. Bricht man allerdings das Hungern zu früh ab, was meistens der Fall ist, dann werden diese im Blut kreisenden Fette und Schlacken sofort wieder dorthin zurückgeschoben, wo sie vorher lagerten, damit Platz frei wird für frische Nährstoffe.

Immer, so Buchinger, zeigt die Erfahrung, daß beim Fasten Krankes schwindet, Gesundes bleibt und gewisse Fremdstoffe, die herausgespült wurden, sogar auf der Zunge geschmeckt werden können. Der Fastende wird nicht etwa von Tag zu Tag schwächer, wie man eigentlich annehmen sollte. Da Verdauung und Umarbeitung der Nahrung entfallen, spart der Körper so viel Kraft, daß der Fastende nicht nur geistig, sondern auch körperlich ungewöhnlich leistungsfähig wird. Beim Kranken benützt der Körper die freigewordenen Reserven verstärkt dazu, sich zu heilen, Krankes, Schwaches abzubauen und wegzuschaffen. Bereits im Ersten Weltkrieg ließen Feldärzte Verwundete fasten, weil sie wußten, daß schwere Wunden dann schneller heilen.

So fastet man richtig

Es ist unglaublich, wie lange ein Mensch ohne Nahrung auskommen kann, ohne dabei Schaden zu nehmen. Der Rekord soll bei 90 Tagen Fasten eines Amerikaners liegen. 40 Tage sind nach Meinung vieler Experten unter ärztlicher Kontrolle beinahe risikolos, wenngleich sie einen massiven Eingriff bedeuten.
Eine Heil-Fastenkur (O-Diät) dauert im Sanatorium je nach Zustand des Patienten und der Art, wie er auf das Fasten reagiert, zwischen 10 und 25 Tagen.
Die ersten zwei Tage sind in der Regel Obsttage. Man darf Äpfel, Apfelsinen, Backpflaumen und Feigen in beliebiger Menge zu sich nehmen.
Ab dem dritten Tage gibt es keine Nahrung mehr. Mit einem Abführmittel wird der Darm gereinigt. Der auftretende starke Durst darf mit warmem Pfefferminztee gestillt werden.
Ab dem 4. Tag der Kur, dem zweiten eigentlichen Fastentag, bekommt der Patient „Packungen":
An den sechs Wochentagen wird ein feuchter, kalter Wickel um die Lebergegend gelegt. Eine Wärmflasche auf Füßen und Bauch unterstützt den Körper in seiner

Anstrengung, sich rasch zu erwärmen. Zwei Stunden lang bleibt der Fastende mit der „Packung" liegen. Danach fühlt er sich ziemlich erschöpft, vermutlich deshalb, weil bei dieser Prozedur vom Blut besonders viel Schlacken aufgesogen wurden. Die Erholung geht jedoch nach einigen tiefen Atemzügen rasch vor sich.
An jedem zweiten Tag wird morgens eine Darmspülung (Klistier) vorgenommen, die helfen soll, abgetragene Schlacken auszuspülen.
Zweimal in der Woche wird warm gebadet, damit auch die Haut Säuberung und Pflege erfährt. Die Wassertemperatur darf aber nicht über 37 Grad liegen.
Besonders wichtig ist die Mundpflege, da Zunge und Zähne einen unangenehmen Belag bekommen. Das Verschwinden dieser Beläge gilt übrigens als Zeichen dafür, daß die Kur abgebrochen werden kann, weil der Organismus nun »sauber« ist.
Während der ersten drei Fastentage wird der Patient angehalten, in der Nähe des Kurheims zu bleiben und keine größeren Anstrengungen zu unternehmen. Danach allerdings empfiehlt man ihm ausgedehnte Spaziergänge: Morgens sieben, nachmittags zehn Kilometer sind an der Tagesordnung. Schwimmen wird allerdings verboten.
Abends gibt es Zitronensaft, Himbeersaft, Orangensaft – in manchen Sanatorien auch flüssige Hefe. Ab zehn Uhr ist Bettruhe.
Wird das Fasten abgebrochen, muß der Körper vorsichtig wieder an die Nahrung gewöhnt werden. Man beginnt mit einem Apfel, der sehr langsam und sorgfältig gekaut wird. Sechs Stunden später folgt, falls der Apfel gut vertragen wurde, eine leichte Kartoffelsuppe ohne Salz. Reagiert der Körper wiederum positiv, dann darf man bereits kräftige Nahrung zu sich nehmen.

In den ersten Tagen ist allerdings darauf zu achten, daß die körperlichen Kräfte noch geschont werden. Der Körper ist zunächst recht müde und schwerfällig, weil ihn die Umstellung viel Kraft kostet. Auch der während der Hungerperiode frische, befreite Geist fühlt sich zunächst wie eingesperrt und beengt, ehe sich der ganze Mensch wieder an das normale Leben gewöhnt hat.
Otto Buchinger, der selbst über 30 000 Fastenkuren geleitet und beobachtet hat, versichert, daß gerade Arteriosklerose, Angina pectoris und andere Durchblutungsstörungen eine Fastenkur nahelegen und empfehlenswert erscheinen lassen. Patienten mit der »Schaufensterkrankheit«, die bei Fastenbeginn bestenfalls nach 100 Meter schmerzfrei gehen konnten, sind oft schon nach wenigen Tagen in der Lage, 2000 Meter ohne Anfall und Krampf zurückzulegen. Nach einer Woche, so berichtet Buchinger, können sie Spaziergänge von einer Stunde in flottem Tempo durchhalten. Die erhebliche Besserung bei Angina pectoris hat seiner Meinung nach auch mit der steten und gründlichen Blutdrucksenkung durch Fasten zu tun.
Nicht erlaubt sind Fastenkuren nach Buchingers Erfahrungen nur bei zehrenden Krankheitsprozessen wie Tuberkulose, Basedowsche Krankheit, schweren Magen oder Darmgeschwüren, bei Vitaminmangel und bei hohem Alter, sofern es mit Schwäche und Abmagerung verbunden ist.
Ein Heidelberger Ärzteteam, das 35 Patienten während einer Null-Diät stationär betreute, warnte kürzlich vor dem absoluten Fasten bei Arteriosklerose und sprach in diesem Zusammenhang von „tödlichen Gefahren" und deshalb einem absoluten Verbot. Die Ärzte beobachteten nämlich zwei Zwischenfälle: Ein Patient wurde halbseitig blind, der andere halbseitig gelähmt – beide

infolge einer zu raschen Absenkung des Blutdrucks. In beiden Fällen verschwanden die Schäden wenige Tage nach dem Abbruch der Fastenkur.
Die Warnung, in einer Ärztezeitschrift veröffentlicht, ist allenfalls für den Laien angebracht, der auf eigene Faust fasten möchte (was er sowieso nicht tun sollte) – nicht für den Fachmann. Dem erfahrenen Kurarzt hätte ein solcher grober „Fehler" nämlich von vornherein nicht unterlaufen können, weil die Blutdruckmessung während des Fastens sehr ernstgenommen und notfalls dafür gesorgt wird, daß der Abfall nicht zu rasch erfolgt.
Allgemein kann festgehalten werden: Mit einer Fastenkur ist es möglich, Arteriosklerose nicht nur aufzuhalten, sondern zurückzubilden. Dies ist um so wirksamer möglich, je früher die Kur unternommen wird und je jünger man ist. Ablagerungen in den Blutgefäßen lassen sich auf diese Weise relativ gut abbauen. Gefäßveränderungen dagegen, also Verhärtungen und Verbildungen der Arterien sind auch durch Fasten kaum mehr zu beeinflussen.
Der Mann um die 40 tut also in jedem Fall gut daran, sich gründlich mit der Frage zu befassen, ob für ihn der rechte Zeitpunkt für eine Anti-Arteriosklerose-Kur nicht schon gekommen ist.

Intervalltraining und Rollübungen

Der ältere Mensch muß bei fortgeschrittener Arteriosklerose vor allem eines entschlossen angehen: die Resignation. Er darf sich niemals aufgeben. Und er braucht es auch nicht. Denn sein Körper ist keine tote Maschine, die bei Getriebeschaden eben stehenbleibt – er ist ein lebendiger Organismus, der sich selbst immer

wieder auf geradezu wundervolle Weise selbst zu helfen weiß – vorausgesetzt, er bekommt die Gelegenheit dazu.
Wer an der »Schaufensterkrankheit« leidet und sich niedergedrückt zu Hause in den Sessel setzt, der wird bald nur noch sehr kurze Strecken gehen können. Das Leiden verschlimmert sich von Tag zu Tag. Der Körper wird nicht gefordert, also tut er auch nichts. Im Gegenteil: Was nicht benötigt wird, das verkümmert. Das ist ein Grundsatz allen Lebens.
Wer dagegen »auf den Füßen bleibt«, unterstützt den Organismus in seinem Bemühen, »Umleitungen« um die verengte Arterie zu bauen. Das Bewegen der Muskeln beschleunigt die Blutströmung. Der Körper antwortet umgehend auf diesen Reiz, indem er die feinen Gefäße (Kollateralen) erweitert und vergrößert, damit der Blutbedarf im Gewebe hinter dem Verschluß immer besser gedeckt werden kann.
Als wirkungsvollste Übung zur Unterstützung des Umleitungsbaues (Kollateralisation) erwies sich das Intervalltraining, das jeder Arteriosklerotiker selbst vornehmen kann:
Man geht nicht etwa vorsichtig und behutsam, sondern bewußt zügig, bis man spürt, daß die krampfartigen Schmerzen heraufziehen. Dann bleibt man sofort stehen und ruht sich aus. Man quält sich also nicht und versucht niemals, die Zähne zusammenzubeißen und durchzuhalten. Das wäre bereits eine große Überlastung mit gefährlichen Folgen. Sobald der dumpfe Druck in den Muskeln nachgelassen hat, setzt man seinen Weg fort, bis man erneut stehenbleiben muß. Diese Übung sollte möglichst mehrmals am Tag gemacht werden, wobei man versucht, die Wegstrecke langsam auszudehnen und mit der Zeit täglich eine Stunde zu gehen.

Natürlich darf man nicht erwarten, daß die Besserung von einem Tag auf den anderen eintritt. So schnell vermag der Körper sich nicht zu „reparieren”. Er braucht Zeit – und den ständigen Antrieb, emsig »weiterzubauen«.
Eine zweite Übung ist bereits als »Lagerungsprobe« zur Feststellung von Durchblutungsstörungen in den Füßen dargestellt worden. Sie kann ebenfalls als Stimulation für das Wachstum von Kollateralen benutzt werden: Man legt sich, wie bei der Lagerungsprobe, auf den Rücken und streckt die Beine in die Höhe. Dann dreht man die Füße in den Knöchelgelenken. Nach wenigen Minuten – bevor ein Schmerz eintritt – senkt man die Beine, setzt sich auf und läßt die Beine nach unten baumeln. Dabei schießt das Blut in die Gefäße und fördert ihren Ausbau. Wiederum gilt aber: keine Überlastungen, aber Ausdauer. Keine Gewaltanstrengungen aber tägliches Bemühen.

Rudern bei Angina pectoris

Bei Angina pectoris galt bislang unter Laien wie Experten einhellig die Ermahnung: Schonung.
Auch in diesem Fall hat sich neuerdings gezeigt, daß ein klug dosiertes Training wesentlich hilfreicher sein kann. Den Beweis lieferten Herzspezialisten der Universität Ulm. Sie forderten Angina-pectoris-Patienten auf, sich zu Hause ein Rudergerät aufzustellen und damit kräftig zu rudern.
Der Erfolg dieser »Roßkur«: Nach einem halben Jahr regelmäßiger Übungen gaben zwei Drittel der Patienten an, daß sie bei den täglichen Anstrengungen deutlich weniger unter den Herzkrämpfen zu leiden haben. Ein

großer Teil der Kranken konnte sogar die Arbeit wieder aufnehmen. Ein Jahr nach Trainingsbeginn hatte sich ihr Befinden noch weiter gebessert, ohne daß es auch nur in einem einzigen Fall zu irgendwelchen Komplikationen gekommen wäre.

Das Angina-pectoris-Heimtraining sieht folgendermaßen aus: Wie beim Intervall-Training strengt man sich beim Rudern solange an, bis man spürt, daß die Herzschmerzen jeden Augenblick eintreten werden. Dann legte man eine Pause ein, läßt sich völlig entspannt hängen und atmet tief durch. Bei Eintritt der Schmerzen wird niemals weitergerudert. Dies tut man erst wieder, sobald man sich wohl fühlt und frei von allen Beschwerden ist – wiederum bis an die Grenzen des Schmerzes, aber nicht darüber hinaus.

Täglich versucht man auf diese Weise, ein wenig mehr und länger zu rudern – ohne dabei aber gewaltsam vorzugehen. Mit der Zeit wird sich die Anstrengung von selbst ausdehnen lassen.

Der Rudermechanismus darf nicht zu leicht, aber auch nicht zu schwer eingestellt sein. Man sollte sich schon ein bißchen ins Zeug legen müssen und ins Schwitzen geraten – man braucht aber keine Bäume auszureißen. Auch hier sind Ausdauer und Regelmäßigkeit wichtiger als momentane Kraftleistungen.

Ein ähnliches Training kann unter fachmännischer Anleitung auch in der Krankengymnastik gemacht werden. Diese Art der Selbsthilfe und Mithilfe ist meistens sehr viel wirksamer als die Einnahme von Medikamenten. Wer sich ein bißchen Mühe gibt, kann selbst bei fortgeschrittener Arteriosklerose weitgehend auf Medikamente verzichten.

8. Kapitel
Medikamente und Operationen

Leider sind es fast immer erst die Schmerzen, die Arteriosklerotiker zwingen, einen Arzt aufzusuchen. Man läßt sich frühestens dann untersuchen und behandeln, wenn es nicht mehr möglich ist, ohne Beschwerden die nächste Straßenbahnhaltestelle zu erreichen, wenn Wunden nicht mehr heilen wollen, kleine Lähmungen, Seh- oder Hörstörungen oder Herzschmerzen bereits allzu deutlich anzeigen, daß die Gefäßveränderungen einen bedrohlichen Zustand erreicht haben. Die Möglichkeiten der Hilfe sind für den Arzt deshalb stark begrenzt. In vielen Fällen kann er nur noch dazu beitragen, daß die Schmerzen in tragbaren Grenzen bleiben, daß Blutdruck und Blutfettwerte gesenkt, die Gefäße erweitert und damit die Durchblutung gefördert werden. Mit anderen Worten: Die Arteriosklerose bleibt – mit nahezu allen Risiken. Sie wird lediglich etwas erträglicher gemacht.

Von Knoblauch – über Jod- und Rauwolfia-Präparate bis hin zur Nikotinsäure, Clofibrat und anderen chemischen Medikamenten gibt es eine Fülle von Antihypertonika (blutdrucksenkende Mittel), Vasodilatatoren (durchblutungsfördernde Mittel) und Lipidsenker (Medikamente, die den Blutfettspiegel senken), die zweifellos millionenfach helfen. In der Regel ist man – zumindest bei fortgeschrittener Arteriosklerose – aber auf eine ständige und gewissenhafte Einnahme der Medikamente angewiesen. Bei manchen Präparaten

befindet man sich dabei auf einer riskanten Gratwanderung zwischen den bösen Folgen der Arteriosklerose und einer Medikamentenschädigung. Besonders bei Leber- und Nierenerkrankungen sind manche von ihnen von vornherein verboten.
Das bedeutet: Ständige ärztliche Kontrolle, zusätzlich aber auch Einschränkung der körperlichen Anstrengungen, schonende Lebensweise mit allem, was über eine gesunde, vernünftige Ernährung, Verzicht auf Nikotin und übermäßigen Alkoholgenuß schon gesagt wurde. Wer an Durchblutungsstörungen der Beine leidet muß selbstverständlich auch darauf achten, daß die Schuhe nicht zu eng sind und nicht drücken. Und bei jeder noch so kleinen Verletzung am Bein ist dringend eine ärztliche Behandlung nötig, damit daraus kein Geschwür (Gängrän, Brand) entsteht.
Kein Medikament, und wäre es noch so gut, entbindet den Patienten von der Pflicht, an seiner Gesundheit aktiv und gewissenhaft mitzuarbeiten.

Infusionsbehandlungen

Am wirksamsten sind Medikamente, vor allem durchblutungsfördernde Mittel (Vasotilatatoren), wenn sie vom Arzt an Ort und Stelle in die Arterien gegeben werden. Dabei punktiert er die Blutgefäße, der Stich ist kaum schmerzhaft, und läßt so das Medikament als Infusion in die Blutbahnen einfließen. In manchen Fällen, das kann jedoch nur der Arzt beurteilen, wird kein erweiterndes, sondern im Gegenteil ein zusammenziehendes Mittel gegeben. Die Gefäße ziehen sich dann vor der Verengung zusammen (nur die gesunden Arterien reagieren nämlich auf das Mittel). Der erhöhte

Druck preßt mehr Blut durch den Engpaß und führt so zu einer besseren Durchblutung der Gebiete, die hinter ihm liegen.
Eine sehr hilfreiche Methode, Arterienverschlüsse ohne Operation wieder durchgängig zu machen, stellt die Streptokinase-Infusion dar. Das Erstaunliche dabei: Selbst Arterien, die schon ein ganzes Jahr verschlossen waren, lassen sich manchmal mit dieser Behandlung wieder öffnen.
Streptokinase ist ein gereinigtes Stoffwechselprodukt einer Streptokokken-Bakterie mit der Fähigkeit, die Fließeigenschaft des Blutes zu verbessern. Es löst Blutablagerungen an den Innenwänden der Gefäße (Blutklumpen) und nimmt dem Blut seine Klebrigkeit, so daß es »flüssiger« wird.
Der Patient erhält mehrere Infusionen verteilt über einige Tage. Diese Methode wird oft zur Behandlung tiefliegender sklerotischer Schlagadern, aber auch selbst bei akuten Herzinfarkten angewendet. Allerdings sollte der Patient nicht älter als höchstens 65 Jahre sein, da sonst das Risiko der Behandlung zu groß wird.

Die Schlangengiftspritze

Eine ähnliche Wirkung wie diese Infusion hat die Arwin-Spritze. Ist eine Durchblutungsstörung soweit fortgeschritten, daß sich der Ruheschmerz einstellt, hilft oftmals das Gift der Grubenotter: Arwin. Es bessert ganz offensichtlich die Fließeigenschaften des Blutes, indem das Blut seine Klebrigkeit weitgehend einbüßt und damit nicht mehr so rasch verklumpt. Es kann deshalb auch sehr enge Stellen noch passieren.
Der Extrakt des Giftes wird dem Patienten zehn Tage

lang unter die Haut gespritzt. Diese Behandlung reicht bei vielen Patienten aus, den Ruheschmerz verschwinden zu lassen. Und in der Regel hält diese Besserung auch an, weil der Organismus Zeit fand, für »Umleitungen« zu sorgen und die Blutversorgung damit wenigstens auf Sparflamme aufrechtzuerhalten.
Es wäre allerdings sinnlos, die Spritzen vom Arzt über einen längeren Zeitpunkt hinweg oder gar als Dauerbehandlung zu verlangen. Der Körper gewöhnt sich sehr rasch an das Gift und schaltet es dann mit einem Gegengift aus.

Die Ozon-Methode

Die Überlegung, den fehlenden Sauerstoff gezielt in die unterversorgten Gewebe zu geben, ist so alt wie naheliegend. Die Ozon-Therapie selbst, die das mit Spritzen tut, war schon einmal zu den Akten gelegt worden und ist – nicht zuletzt durch den Einsatz von Heilpraktiker Manfred Köhnlechner – in den letzten Jahren wieder ganz aktuell geworden. Wenngleich die Methode von der »Schulmedizin« nach wie vor nicht anerkannt wird, geben viele Ärzte und Heilpraktiker – inzwischen mit besseren Geräten ausgestattet – die Ozonspritze bei Durchblutungsstörungen der Beine und Füße –, oft mit großem Erfolg. Manche Mediziner halten die Ozon-Therapie sogar für die beste, einfachste und wirkungsvollste Methode zur Behandlung eines »Raucherbeins« und wenden sie selbst dann noch an, wenn eine Amputation unumgänglich zu sein scheint.
Die beiden Gase, der »Supersauerstoff« Ozon und reiner Sauerstoff, werden in einem Spezialgerät gemischt, in Spritzen aufgezogen und unmittelbar in die sklerotisch

veränderte Arterie gegeben. Dort, so sagen die Befürworter der Methode, nimmt das gestaute und nicht mehr frische Blut den Sauerstoff auf, wird dabei selbst gereinigt und aufgefrischt und vermag so die umliegenden Gewebe wieder besser zu versorgen.
In der Regel wird eine ganze Serie von Spritzen im Abstand von jeweils drei Tagen gegeben. Gleichzeitig bekommt der Patient Aufbau-Enzyme (Eiweißstoffe) und wird angehalten, sein Gewicht zu reduzieren, damit die Beine nicht mehr so sehr überlastet sind. Ist der Zustand der Arteriosklerose soweit fortgeschritten, daß sich bereits offene Wunden (Gangräne) oder abgestorbene Gewebe feststellen lassen, dann wird die Ozon-Behandlung gleichzeitig von außen her versucht: Man steckt das ganze Bein in einen luftdichten Plastikbeutel, der mit dem Ozon-Sauerstoffgemisch gefüllt ist.
In vielen Fällen gelingt es tatsächlich auf diese Weise, einer Amputation noch einmal zu entkommen. Die Vorstellung mancher Patienten, die Ozon-Spritze könnte lebensgefährlich sein, weil man mit Luftspritzen bekanntermaßen Menschen töten kann, ist falsch. Die Ozon-Spritze hat mit einer Luftspritze überhaupt nichts zu tun. Schwere Zwischenfälle bei der Ozon-Therapie sind tatsächlich so gut wie unbekannt.

Chirurgische Eingriffe

Viel zuwenig Arteriosklerotiker lassen sich operieren, obwohl chirurgische Eingriffe im Gegensatz zur medikamentösen Behandlung nicht nur die Äußerungen der Krankheit verwischen, sondern gefährliche Engstellen für immer beseitigen.

Der Schauspieler Curd Jürgens hat bereits vor Jahren ein Beispiel dafür gegeben. Er stand, so wird erzählt, auf einem Flughafen in Indien in der Sonne und wartete auf den Abflug seiner Maschine. Plötzlich wurde ihm schwarz vor den Augen. Er ließ sich sofort untersuchen, und man stellte fest, daß die Halsschlagader in bedrohlicher Weise verengt war. Zu wenig Blut konnte zum Gehirn passieren.

Jürgens wandte sich sofort an seinen Freund, den berühmten Herzchirurgen Professor DeBakey in den USA. Dieser nahm das deformierte Stück der Schlagader heraus und ersetzte es durch ein Kunststoffröhrchen. Durch rechtzeitige Eingriffe dieser Art, das erklärte ein Berliner Gefäßchirurg, könnten in der Bundesrepublik jährlich rund 20000 Menschen allein vor einem Hirnschlag gerettet werden. Bisher werden pro Jahr aber bestenfalls 2000 Eingriffe vorgenommen, obwohl sie relativ einfach sind und eigentlich an jedem Krankenhaus durchgeführt werden könnten.

Wird eine Halsschlagaderverengung nicht operiert, dann steht die Chance, innerhalb von drei Jahren einen Schlaganfall zu erleiden 1:3. Jedem Dritten bleibt er nicht erspart.

Die Sympathektomie

Am bekanntesten unter den Operationen bei einer Arteriosklerose war bis vor kurzem die sogenannte Sympathektomie. Bei diesem Eingriff wird ein Strang des sympathischen Nervensystems, der die Zusammenziehung und Engstellung der Arterien besorgt, durchgetrennt. Bei Durchblutungstörungen der Beine geschieht das etwa im Rücken, denn die entsprechenden

Nervenbahnen verlaufen entlang der Wirbelsäule. Nervös bedingte Verkrampfungen können auf diese Weise gelöst werden. Denn jetzt erschlaffen die Blutgefäße zwar, der Krampf löst sich, damit weiten sie sich aber auch, so daß das Blut wieder passieren kann. Auch bei Verengungen der Gefäße infolge erheblicher Ablagerungen hilft die Methode oft und bringt Erleichterung.

Trotzdem kommt man mehr und mehr davon ab – hauptsächlich deshalb, weil die Nervenbahnen fast immer den Schnitt überbrücken und auf diese Weise die durchschnittene Nervenbahn reparieren. Meistens ist nach zwei Jahren der alte Zustand wiederhergestellt.

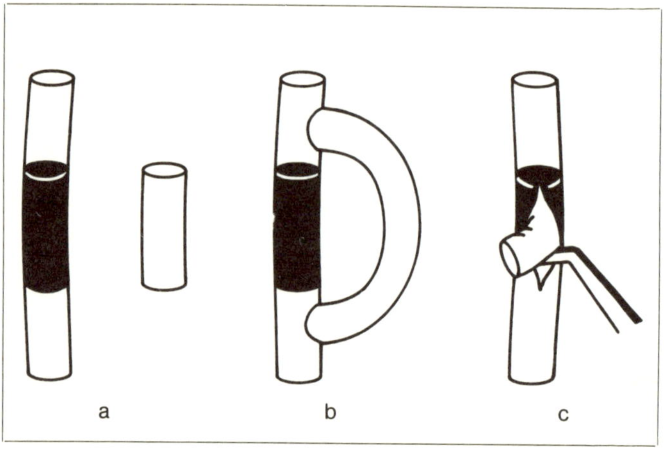

Abb. 24: Die drei gebräuchlichsten Gefäßoperationen:
a: Das kranke Stück der Arterie wird herausgeschnitten und durch ein Gefäßtransplantat ersetzt (Exstirpationsmethode)
b: Um den Arterienverschluß herum »baut« der Arzt eine Umleitung, die den Verschluß überbrückt (Bypaßoperation)
c: Der Verschlußzylinder wird durch einen senkrechten Schnitt herausgeschält (Thrombendarteriektomie)

Die Thrombendarteriektomie

Durch einen Eingriff an Ort und Stelle lassen sich Engpässe beseitigen, indem der Arzt eine sklerotische Ader der Länge nach aufschneidet und mit einer Art kleinem Löffelchen ihre innerste Auskleidung (Intima) ausschält. Diese Operation hat den dreifachen Vorteil: Ablagerungen werden entfernt, so daß wieder mehr Blut ungehindert fließen kann; das Blutgefäß bekommt die Möglichkeit, sich im Inneren zu erneuern (in etwa drei Monaten hat sich die Innenschicht völlig neu gebildet); und eine bessere, durch keine Verschmutzungen mehr behinderte Blutversorgung bewirkt schließlich eine Auffrischung der gesamten Arterie.
Der Eingriff ist allerdings nur dann sinnvoll, wenn der Verschluß auf einen begrenzten Bereich beschränkt ist, also die Arterie nur über eine kurze Strecke hinweg blockiert und nicht ganze Äste bereits weitgehend undurchlässig gemacht hat. In der Regel kann auch nur an größeren Arterien operiert werden, die mehr als einen Millimeter Durchmesser besitzen. So bieten sich die Schlagadern im Oberschenkel, im Beckenraum, die Hauptschlagader und die Halsschlagader an. Durchblutungsstörungen im Unterschenkel oder in den Füßen lassen sich dagegen auf diese Weise nur in Ausnahmefällen beheben.

Die Exstirpationsmethode

Vor allem dann, wenn ein Gefäßstückchen bereits stark deformiert ist, so daß mit einer Wiederherstellung nicht mehr gerechnet werden kann, klemmt der Arzt die Arterie vor und hinter dem Verschluß ab, schneidet den kranken Teil heraus und ersetzt ihn durch ein Kunststoffröhrchen, das genauso geformt ist wie das, was es zu ersetzen gilt. Das schwierigste Problem bei dieser Operation war, ein Plastikmaterial zu finden, das körperfreundlich ist, also an den Nahtstellen keine Entzündungen verursacht und gleichzeitig die Blutkörperchen, die hindurchgejagt werden, nicht schädigt. Inzwischen gibt es eine Reihe sehr haltbarer Kunststoffe, die diese Aufgabe zufriedenstellend erfüllen. Viele tausend Menschen haben schon von solchen Operationen mit Blutgefäßersatzteilen profitiert. Statistiken zeigen, daß fünf Jahre nach der Operation noch rund 70 bis 90 Prozent der operierten Gefäße offen sind. Die Überlebenschancen werden durch den Eingriff deutlich erhöht. Der Operierte lebt besser und länger als jener, der sich mit Medikamenten hilft. Das Operationsrisiko ist kaum höher als bei einer Blinddarmoperation. Nur bei schwierigen Eingriffen an den Herzkranzgefäßen steigt es leicht an. Aber auch dort überleben 93 von 100 die Operation. Selbst hohes Alter ist an sich kein Grund, von der Operation Abstand zu nehmen. Solange ein Mensch eine Vollnarkose vertragen kann, läßt sich auch eine Gefäßoperation (Arterienplastik) durchführen.

Bypaß-Operationen

Die dritte Möglichkeit, einen Arterienverschluß chirurgisch auszuschalten und die Blutversorgung wiederherzustellen, ist die Bypaß-Operation. Dabei ahmt der Arzt das nach, was der Körper schon von sich aus versucht: Er schneidet das kranke Arterienstück nicht heraus, sondern beläßt es, baut darum herum aber eine »Umleitung« (Bypaß).

Das wird bevorzugt bei verstopften Herzkranzgefäßen, bei Angina pectoris und im Falle eines drohenden Herzinfarkts gemacht. In manchen Fällen »baut« der Arzt um eine verengte Arterie sogar drei oder vier kleinere »Umleitungen«. Die Gefäßchirurgie ist heute soweit fortgeschritten, daß solche Operationen, ähnlich wie die Exstirpationsmethode, weit besser vor den Folgen der Arteriosklerose schützen als eine Medikamentenbehandlung. Die meisten Patienten können nach dem Eingriff völlig unbehindert und uneingeschränkt leben. Viele von ihnen beginnen erst wieder richtig aufzuleben, weil die Blutversorgung plötzlich wieder funktioniert, die Leistungsfähigkeit damit zurückkehrt und gleichzeitig die lähmende Angst vor Infarkt oder Schlaganfall genommen ist.

Die Bypaßoperation – und das ist ihr großer Vorteil – kann auch dann noch vorgenommen werden, wenn bereits wiederholt Beschwerden aufgetreten sind, die auf einen Herzinfarkt oder Schlaganfall schließen lassen. In 80 Prozent aller Fälle lassen sich etwa Lähmungen, halbseitige Erblindung, Hör- oder Sprachstörungen durch eine Bypaßoperation beheben.

Die Gefäßchirurgie macht heute nicht einmal mehr vor dem Schädel halt. An großen Kliniken werden bereits bei Verschlüssen im Gehirn Schädelarterien mit Hirnarterien zu einem neuen Kreislauf zusammengeschlossen und damit die Folgen eines Schlaganfalles ausgeschaltet. Teile des Gehirns, die bisher schlecht oder gar nicht mehr versorgt wurden, erfahren nun auf anderem Weg »Nachschub«.

Die Forderung vieler Spezialisten, ähnlich den Herzzentren neue Zentren für Gefäßchirurgie zu schaffen, damit dort solche Eingriffe rasch und fachgerecht vorgenommen werden können, entspricht dem dringenden Gebot der Stunde.

Es geht darum, die Alarmzeichen rechtzeitig zu erkennen – dreiviertel aller Gefäßverengungen lassen sich durch die entsprechenden Untersuchungsmethoden entdecken – um sie dann so rechtzeitig zu operieren, daß keine Sauerstoffmangelschäden auftreten. Gerade Hirnzellen sterben schon wenige Minuten nach einer Unterbrechung der Versorgung ab. Bei einem Schlaganfall hat der Arzt in der Regel sechs Stunden Zeit, operativ die Blutblockade zu beseitigen. Nach dieser Zeit ist die Hirnschädigung fast immer soweit fortgeschritten, daß sie unreparierbar geworden ist.

Arteriosklerose ist also ein vermeidbares Übel. Wer die Risikofaktoren ausschaltet, wer gar die vorbeugenden Maßnahmen ergreift, wird kaum davon betroffen werden. Und wer die Alarmzeichen beachtet, wird auch dann noch mit seinem Arzt die geeigneten Gegenmaßnahmen einleiten können.

Register